Aupair-Ratgeber für Gastfamilien
Tipps, Adressen, Erfahrungsberichte

Katja Schneidt

Katja Schneidt

Aupair-Ratgeber für Gastfamilien

Tipps, Adressen, Erfahrungsberichte

interconnections

Impressum

Reihe Jobs & Praktika, Bd 26

Katja Schneid
Aupair-Ratgeber für Gastfamilien
Tipps, Adressen, Erfahrungsberichte

Zweite Auflage 2009, 2008
ISBN 978-3-86040-115-6

Copyright: Verlag interconnections
Schillerstr. 44, D – 79102 Freiburg
Tel. 0761 700650, Fax 0761 700 688
info@interconnections.de
www.interconnections.de

Fotos Umschlag
U1 (von oben nach unten): Pixelio.de
Stephan Dietl, Detlev Beutler, S. Hofschlaeger, Huber
U4: S. Hofschlaeger

Umschlagdesign, DTP-Satz, Illustrationen:
Linuxnet-Online, A. Semling

Einführung

Spielen Sie mit dem Gedanken, ein Aupair in Ihrer Familie aufzunehmen?

Haben Sie vielleicht auch schon vergeblich versucht, sich die notwendigen Informationen zu beschaffen? Dann werde ich versuchen, weiterzuhelfen.

Zunächst möchte ich mich einmal vorstellen: Mein Name ist Katja Schneidt, ich bin 35 Jahre alt und Mutter zweier Kinder. Auch ich stand vor vielen Jahren vor dem Problem, während meiner Arbeitszeit die Betreuung meiner Kinder sichern zu müssen. Ich wußte von Bekannten, dass sie diese Schwierigkeiten durch die Aufnahme eines Aupair gelöst hatten. So zog auch ich diese Möglichkeit in Betracht.

Nun galt es erst einmal, die nötigen Auskünfte zu besorgen. Aber das war leichter gesagt als getan. Schon der erste Schritt, eine Aupairvermittlung ausfindig zu machen, erwies sich als äußerst schwierig, denn im Telefonbuch war nichts zu finden. Erst ein Anruf beim örtlichen Arbeitsamt zeigte Erfolg. Die erste Hürde war genommen. Mich verwunderte allerdings, daß mir die Nummer einer Vermittlungsagentur in Darmstadt genannt wurde, und somit etwa 100 km von unserem Wohnort entfernt. Auf Nachfrage beim Arbeitsamt wurde mir mitgeteilt, dass keine Aupairvermittlung in meiner Nähe bekannt sei. Heute weiß ich, dass die nächste Aupair Agentur ca. 20 km von meinem Wohnort entfernt liegt. Tags darauf rief ich gleich an. Die Inhaberin erklärte mir erst einmal freundlich die wichtigsten Punkte, vereinbarte einen Termin für ein persönliches Gespräch und versprach mir, Informationsmaterial zuzusenden. Schon zwei Tage später lag tatsächlich die versprochene Post im Briefkasten.

War ich nun davon ausgegangen, mein Informationsdefizit auszugleichen zu können, so wurde ich eines Besseren belehrt. Alles, was viele meiner Fragen zu einem Aupair beantworten sollte, war ein Din A5 Faltblatt. Ich erkundigte mich nochmals bei der Aupair Vermittlung, ob es nicht doch eine Broschüre oder Ähnliches gebe. Dies wurde verneint, aber ich könne bei dem persönlichen Gesprächstermin, in der Vermittlung alles erfragen, was für mich von Wichtigkeit sei. Als ich abends mit meinem Mann ausführlich das Für und Wider zum Thema Aupair beredete, kam uns der Gedanke, dass doch sicherlich spezielle Literatur zu diesem Thema existieren müsse. Also gleich am nächsten Tag ab in die nächste Buchhandlung um einen geeigneten Ratgeber zu besorgen. Aber auch hier wieder Frust. Für Aupairs speziell gab es „Abenteuer Aupair" sowie „Aupair USA", aber es gab leider kein einziges, besonders auf Familien zugeschnittenes Buch, denn das „Au-Pair-Handbuch" war vergriffen gewesen und erst in Neuauflage in Vorbereitung.

Kurz und gut, heute, über acht Jahre später, haben wir unser siebtes Aupair. Hätte ich das heutige Wissen schon bei unserem ersten Aupair gehabt, so wäre vieles einfacher gewesen. Ich habe ständig versucht, meine Kenntnisse bezüglich Aupair und Gastfamilie zu erweitern. Das wurde mir schon dadurch erleichtert, dass mich mit der Zeit oft völlig fremde Menschen anriefen, die von Bekannten meine Telefonnummer bekommen hatten. Immer mit dem Hinweis, dass ich bei Fragen und Problemen bestimmt weiterhelfen könne. So habe ich im Laufe der Zeit, schon manche Fragen beantwortet und auch schon als Vermittler fungiert, wenn Probleme zwischen Aupair und Familie auftauchten. Vor einiger Zeit, habe ich dann begonnen, einen kleinen Ratgeber für Aupair Gastfamilien zu verfassen.

Ich möchte nun allen gerne mein Wissen und meine Erfahrung zugänglich machen, um alle Interessenten den Start als Gastfamilie zu vereinfachen. Weiß man von Anfang an, was einen mit der Aufnahme eines Aupair in etwa erwartet, so läßt es sich mit vielen Dingen besser umgehen. Ich selbst habe jedes neue Aupair in unserer Familie als Bereicherung erlebt. Natürlich kann es auch zu Problemen kommen, wie immer im Zusammenleben von Menschen. Gerade dann ist es hilfreich, auf bewährte Problemlösungen zurückgreifen zu können. Wer Fragen oder Probleme rund um das Thema „Aupair / Gastfamilie" hat, schreibe mir eine E-mail über den Verlag. Ich werde mich bemühen, schnell und erschöpfend zu antworten.

Bis dahin verbleibe ich mit vielen Grüßen

Ihre Katja Schneidt

info@interconnections.de

Inhaltsverzeichnis

Vorwort

Der Entschluss zum Verfassen dieses Buches reifte nach dem vergeblichen Versuch, mir genau auf Familien zugeschnittene Literatur zu besorgen.

Im Laufe der Zeit lernte ich viele Familien kennen, denen es genauso ergangen war. Dabei sind einige Tipps und Hilfestellungen gerade in der ersten Zeit unerläßlich. Bei Beachtung einiger Grundsätze, kann die Aufnahme eines Aupairs zu einer wahren Bereicherung für Familie und Kinder führen. Dieses Buch soll allen Familien zur Information und als Ratgeber dienen. Es ist in zwei Hauptkapitel unterteilt. Das erste behandelt alles Wissenswerte rund um das Thema Aupair. Ferner habe ich einige Problembeispiele aufgezeigt, um eventuelle Schwierigkeiten zwischen der Familie und dem Aupair von Anfang an vermeiden oder gleich beheben zu können.

Das zweite Hauptkapitel besteht aus einigen Erfahrungsberichten von Familien, denn gerade ohne jedwede Aupair-Erfahrung ist es interessant, zu lesen, wie es anderen Familien ergangen ist. Ich habe bei jedem Aupair in unserer Familie neue Erfahrungen sammeln können, im großen und ganzen auch positiv. Ich lernte es schnell zu schätzen, bei den vielen Aufgaben, die man als Hausfrau und Mutter zweifelsohne hat, immer etwas Entlastung zu erfahren. Bei den allermeisten Familien bleibt es nicht bei einem Aupair, wenn der Anfang mal gemacht ist.

Teil I

Was bedeutet „Aupair"?

Die Bezeichnung „Au pair" stammt aus dem Französischen und heißt übersetzt „auf Gegenseitigkeit". Das bedeutet, dass man für eine begrenzte Zeit einen jungen Menschen aus einem anderen Land bei sich aufnimmt, der freie Kost und Logis erhält und der dafür im Gegenzug bei leichten Hausarbeiten und bei der Kinderbetreuung hilft. Im Vordergrund stehen für das Aupair das Kennenlernen der deutschen Kultur und das Erlernen der deutschen Sprache.

Wann ist die Aufnahme eines Aupairs empfehlenswert?

Die Aufnahme eines Aupairs ist eigentlich immer dann sinnvoll, wenn die Familie etwas Entlastung benötigt.

Das kann z.B. bei einer Familie mit mehreren Kindern der Fall sein, oder wenn ein Elternteil wieder stundenweise oder halbtags arbeiten will und die Kinder während der Abwesenheit in ihrer häuslichen Umgebung betreut wissen möchte. Ein Aupair ermöglicht es, das eigene Leben wieder spontaner und flexibler zu gestalten. Sie können sich dann z.B. auch mal wieder kurzfristig dazu entschließen, Essen zu gehen oder Freunde zu besuchen. Auch in einem Notfall sind die Kinder immer gut betreut.

Voraussetzungen

Vor Einschalten einer Aupair-Agentur, sollte man prüfen, ob auch alle Voraussetzungen, die von der Gesetzgebung zur Aufnahme eines Aupair vorgeschrieben werden, gegeben sind.

Zunächst muss zumindest ein Elternteil der Familie deutscher Staatsbürger sein. Außerdem sollte Deutsch die hauptsächlich gesprochene Sprache der Familie sein. Ziel des Aupairaufenthaltes ist es, die Kenntnisse der deutsche Sprache zu erlernen bzw. genauer gesagt zu vertiefen. Daher muss mindestens ein Elternteil Deutscher sein, oder es ist nachzuweisen, dass in der Familie Deutsch als Muttersprache gesprochen wird. So könnte beispielsweise eine österreichische Familie in Deutschland auch ein Aupair bekommen, aber keine englischsprechende Familie eines amerikanische Soldaten.

Auch ist es nicht ratsam, die Kinderbetreuung über ein Aupair abdecken zu wollen, wenn beide Elternteile voll berufstätig sind. Zum einen darf ein Aupair nicht mehr als dreißig Stunden in der Woche tätig sein, und zum anderen soll es am Familienleben teilhaben und die deutsche Kultur kennenlernen. Das ist aber fast nicht möglich, wenn das Aupair den ganzen Tag auf sich alleine gestellt ist und die erwachsenen Familienmitglieder erst am Abend zu Gesicht bekommt.

Sodann muss die Familie natürlich finanziell in der Lage sein, für ein Aupair aufzukommen. Dies ist gegenüber der Ausländerbehörde per Einkommensnachweis zu belegen. Bei Selbständigen ist eine Gewinn- und Verlustrechnung des Steuerberaters vorzulegen. Ist diese nicht vorhanden, muss der Steuerberater eine schriftliche Bescheinigung über die Gewinne im letzten Geschäftsjahr ausstellen.
Wer in einem eigenen Haus wohnt, muss dies durch einen Grundbuchauszug belegen. Wer zur Miete wohnt, braucht eine schriftliche Einverständniserklärung des Vermieters zur Untervermietung.

Des weiteren muss einem Aupair in der Wohnung oder dem Haus ein eigenes, möbliertes Zimmer zur Verfügung stehen. Es darf sich dabei nicht um einen Kellerraum mit Lichtschacht handeln. Allerdings ist die Unterbringung in Zimmern im Souterrain mit ebenerdigen Fenstern gestattet. Nicht gefordert wird etwa ein eigenes Bad sowie WC.

Treffen diese Punkte alle zu, so steht der Aufnahme eines Aupairs eigentlich nichts mehr im Wege.

Es können grundsätzlich alle Personen, die die vorher genannten Voraussetzungen erfüllen, ein Aupair bei sich aufnehmen, also unverheiratete Paare, alleinerziehende Mütter und Väter oder auch Einzelpersonen. Im Normalfall handelt es sich um eine Familie mit einem oder mehreren Kindern, da diese am ehesten einer Unterstützung bedürfen.

Aupair und Gastfamilie dürfen nicht verwandt sein, um illegale Einwanderung zu unterbinden.

Ist eine Agentur eingeschaltet, so wird sie einen Einladungsbrief verlangen, in dem folgende Punkte festgehalten sind:

Taschengeld, Arbeitszeit, Urlaub, freies Logis und die Kosten für den Lebensunterhalt nach § 84 des Ausländergesetzes, ferner eine Verpflichtungserklärung, in der die Gastfamilie versichert, eine Kranken-Unfall-Haftpflichtversicherung für ihr künftiges Aupair abzuschließen und zu bezahlen. Ohne diesen Brief würden die deutschen Konsulate im Ausland das Visum ablehnen.

Besondere Anforderungen – behinderte oder kranke Kinder

Kann ein Aupair durchaus auch zur Mithilfe und Betreuung eines behinderten oder kranken Kindes in Anspruch genommen werden?

Ja, Sie können selbstverständlich ein Aupair mit solchen Aufgaben betrauen, nur ist bei der Bewerbung darauf hinzuweisen.

Ihre Agentur wird dann für die Vermittlung eines Aupairs sorgen, das sich auch wirklich zu einer solchen Betreuung eignet. Einige Aupairs haben schon eine abgeschlossene Berufsausbildung in medizinischen oder betreuenden Berufen. So können Sie sicher gehen, die Unterstützung zu erhalten, die Sie auch wirklich benötigen.

Vorteile durch ein Aupair

Die Beschäftigung eines Aupair hat viele positive Seiten. Im Grunde kann die ganze Familie davon profitieren.

Der Elternteil, der für die Haushaltsführung und für die Kinderbetreuung zuständig ist, erhält die meist dringend notwendige Entlastung und die Kinder haben mit dem Aupair einen Menschen, der sich auch einmal stundenlang nur mit ihnen beschäftigen kann.

Nicht zuletzt erhalten Sie als Eltern auch mal wieder Gelegenheit, etwas ohne die Kinder zu unternehmen.

Bevor Sie sich für ein Aupair entscheiden ...

Vor einer Entscheidung über die Aufnahme eines Aupair sollte dieser Schritt gründlich überlegt sein. Man muß sich darüber im Klaren sein, dass dies ein u.U. einen gewaltigen Eingriff ins Privatleben bedeutet. Man wird mit einem zunächst völlig fremden Menschen unter einem Dach leben, der fast alles mitbekommt, also das ganze Privatleben. Ferner wird ein Aupair ein eigenes Privatleben entwickeln, das heißt – es wird Besuch empfangen, es werden Freunde anrufen, etc., ja, es könnte sogar vorkommen, dass das Aupair in der Zeit seines Aufenthalts in Ihrer Familie, einen festen Partner kennenlernt. All diese Dinge sind in die Überlegungen der Für und Wider miteinzubeziehen.

Einige Fakten

Herkunft und Aufenthaltsdauer

Aupairs aus EU- und EFTA-Staaten, also Großbritannien, Irland, den Benelux- und skandinavischen Staaten, ferner Italien, Spanien, Portugal, Österreich, Zypern, Griechenland, und der Schweiz können mit einem gültigen Reisepass ohne Visum und Arbeitsgenehmigung nach Deutschland einreisen. Allerdings muss das Mädchen binnen sieben Werktagen nach Ankunft behördlich angemeldet werden.

Eine Aufenthaltserlaubnis entfällt nach dem neuen ZuWG. Der Haken bei der Sache ist, das nur höchst selten Aupairs aus diesen Ländern verfügbar sind. In der Regel wird man es also mit Mädchen aus Nicht-EU-Ländern oder solchen aus den neu hinzugetretenen zu tun haben.

Ein Aupair aus einem Nicht-EU-Land kommt in der Regel für 12 Monate in die Familie. Das ist die Höchstdauer (Ausnahme Schweiz). Auch Mädchen aus den neuen EU-Ländern wie den baltischen Staaten, Estland, Lettland, Litauen sowie Polen, der Slowakei, Slowenien, Tschechien und Ungarn. Es ist allerdings auch möglich, eine kürzere Aufenthaltszeit zu vereinbaren. Die Aufnahme des Aupairs muss aber für einen Zeitraum von mindestens sechs Monaten erfolgen.

Kosten

Die Vermittlungsgebühren schwanken je nach Agentur und richten sich oft nach der Aufenthaltsdauer des Aupair. Falls jemandem die Gebühr hoch erscheint, so gilt es zu bedenken, dass eine gute Agentur mit ihrem ausländischen Partner dafür nicht nur eine gute, auf Ihre Familie passende Auswahl getroffen hatte, sondern auch eine Rundumbetreuung bietet und diese eine zeitaufwendige Sache ist.

In der Regel ist mit tatsächlichen monatlichen Kosten zwischen 350,00 € und 600,00 € zu rechnen. Das beinhaltet je nach Gegebenheiten und Vereinbarung das Taschengeld, die Monatskarte für den öffentlichen Personennahverkehr, die Versicherung, die Aufwendungen für Verpflegung und Unterkunft sowie die auf die einzelnen Monate umgelegten Agenturkosten, Verwaltungsgebühren bei den Behörden, Amtsarzt u.ä.

Ich rate an dieser Stelle auch ausdrücklich davon ab, sich ein Aupair auf eigene Faust zu suchen, um die Vermittlungsgebühren einzusparen. Es braucht ein gewisses Fachwissen, um alle erforderlichen Formalitäten adäquat abzuwickeln. Desweiteren hätte man keinen Ansprechpartner und ist völlig auf sich alleine gestellt, sollte es während des Aufenthalts des Aupairs einmal zu Problemen kommen. Andernfalls wird die Agentur ein anderes Aupair stellen, gegen einen Nachlaß bei den Gebühren oder vielleicht sogar kostenlos. Das kann man natürlich auch mit der Agentur von vorneherein vereinbaren.

Zahllose Fälle sind bekannt, wo so eine „Selbstsuche" in einem wahren Fiasko endete, mit Zusagen von Mädchen, die dann doch nicht erschienen, nach kurzer Zeit wieder verschwanden u.ä. Oder solche Fälle, wo die zugesicherten Voraussetzungen gar nicht erfüllt waren, angefangen von den Sprachkenntnissen, Erfahrung im Haushalt oder mit Kindern, dem Führerschein, der Angabe, Nichtraucher zu sein usw., oder wo Allergien, Diäten, Epilepsie, Tuberkulose oder sonstige Krankheiten, Behinderungen oder sonstige weitere Probleme verschwiegen worden waren.

Während seiner Aufenthaltszeit erhält ein Aupair zur Zeit mindestens 260 € Taschengeld monatlich sowie natürlich freie Kost und Logis. Die Mahlzeiten müssen denen der Gastfamilie entsprechen.

Eine Aufstockung auf € 280 ist im Gespräch. Neuigkeiten dazu bei *www.au-pair-box.com*, „Service für Eltern, „Eltern", „Familie u. Aupair".

Die Kosten für eine Krankenversicherung sind von der Gastfamilie zu tragen. Die monatliche Aufwendung hierfür ist aber günstig. Eine gute Aupair-Krankenversicherung ist schon für ca. 25–60 € im Monat zu haben. Die Kosten für die An- und Abreise trägt das Aupair.

Dem Aupair sollte auch Gelegenheit gegeben werden, bis zu zweimal wöchentlich an einem Deutschkurs teilzunehmen. Die Gebühren für den Sprachkurs gehen zu Lasten des Aupairs. Die Gastfamilie trägt allerdings die Kosten für die Benutzung öffentlicher Verkehrsmittel.

Tätigkeitsbereich eines Aupair

Der Tätigkeitsbereich eines Aupairs umfasst in der Regel die Betreuung von Kindern und Mithilfe bei leichten Tätigkeiten im Haushalt. Dazu gehören u.a.: Staubsaugen, Spülmaschine ein- und ausräumen, Wäsche und Bettenmachen, kleine, einfache Mahlzeiten zubereiten, Haushüten, Pflanzen und Haustiere versorgen, Bügeln u.ä.

Man sollte mit dem Aupair diesbezüglich genaue Absprachen treffen, um Missverständnisse zu vermeiden.

Arbeitszeiten

Die Arbeitszeit beträgt bis zu 6 Stunden täglich, bei 1–2 freien Tagen pro Woche. Außerdem sollte sich das Aupair 2–3 Abende in der Woche zum Babysitten frei halten.
In der Regel erhält das Aupair bei einer Aufenthaltsdauer von 12 Monaten, 4 Wochen bezahlten Urlaub.

Wie finde ich ein geeignetes Aupair?

Aupair Vermittlungen gibt es in fast jeder größeren Stadt. Telefonnummern und Adressen sind bei der nächsten lokalen Arbeitsagentur zu erfragen. Auch übers Internet kann man sich informieren. So findet sich eine Reihe zuverlässiger Agenturen unter *www.au-pair-box.com*. Hier braucht man nur einmal ein Online-Formular auszufüllen und es übers Internet abzuschicken. Agenturen, die ein passendes Angebot unterbreiten können, werden sich dann melden.

In der Regel wird man zu einer Agentur, die möglichst in der Nähe liegt, einen ersten telefonischen Kontakt aufnehmen. Bei diesem Erstgespräch wird oft ein Termin vereinbart werden, zu dem folgende Unterlagen mitzubringen sind: Fotos von der Familie und ein Brief, in dem genau geschildert wird, aus welchen Personen die Familie besteht, ob und wenn ja, welche Haustiere in der Familie leben, inwieweit die Eltern berufstätig sind (bei Alleinerziehenden der entsprechende Elternteil), wie das Aupair untergebracht wird, welche Tätigkeiten von dem Aupair zu erbringen sind und wie hoch das Taschengeld liegen wird.
Der Vermittler wird interessierten Familien dann noch einen Bewerbungsbogen aushändigen, der ausgefüllt den anderen Unterlagen

beizulegen ist. Anschließend werden einige geeignete Aupairs vorgeschlagen werden.

Vielfach erfolgt die Vermittlung nur noch über Internet und Telefon, gerade, wenn die Agentur nicht in der Nähe liegt.

Bei der Auswahl gilt es sich Zeit zu nehmen. Schließlich wollen Sie mit diesem Menschen für eine längere Zeit zusammenleben.

Hat man sich dann für ein Aupair entschieden, bekommt dieses Ihre Bewerbung zugesandt. Mit diesen Unterlagen geht das Aupair dann zum zuständigen Konsulat und beantragt ein Visum.

Die Wartezeit bis zur Erteilung der Aufenthaltsgenehmigung ist recht unterschiedlich, aber 8–12 Wochen sind einzuplanen.

Nach Eintreffen des Aupair wird die Vermittlungsgebühr fällig. Beim Vertrag mit der Agentur handelt es sich um einen sogenannten Maklervertrag. Die Gebühr ist somit erfolgsabhängig. Der Erfolg ist mit der Ankunft des Aupairs in der Familie gegeben.

Bei Problemen besteht darüber hinaus noch die Möglichkeit, sich um ein Wechsel-Aupair zu bemühen, d.h. also in der Regel ein Mädchen, das sich bereits in Deutschland in einer Familie aufhält, aber aus unterschiedlichen Gründen, die Familie wechseln muß. Manchmal stimmt einfach die Chemie zwischen Aupair und Familie nicht, oder aber beide haben unterschiedliche Erwartungshaltungen, so dass von beiden Seiten ein vorzeitiges Beenden des Aupair-Verhältnisses gewünscht wird. Andere Gründe: das Geld in der Familie wird zu knapp, wegen Arbeitslosigkeit, die Eltern trennen sich u.ä.

Diese Aupairs sind dann sofort verfügbar. Wer in der Lage ist, sofort jemanden bei der Kinderbetreuung beschäftigen zu können, spreche seine Aupair Vermittlung darauf an. Ich selbst hatte schon viermal ein Wechsel-Aupair und immer beste Erfahrungen gemacht.

Telefonat mit dem künftigen Aupair

Verfügt das künftige Aupair zu Hause über einen Telefonanschluss – bei Aupairs aus der Tschechei, Slowakei oder aus Polen ist das nicht immer der Fall – kann man vorab schon mal ein Telefongespräch mit ihm führen. Damit ist schon einmal ein erster persönlicher Kontakt hergestellt und vielleicht schon etwas mehr über das neue Familienmitglied in Erfahrung gebracht. Bitte aber nicht enttäuscht sein, wenn das Mädchen am Telefon sehr zurückhaltend ist, denn zum einen wird es wahrscheinlich sehr aufgeregt, und zum anderen werden die Sprachkenntnisse in den meisten Fällen noch etwas dürftig sein. Die Aupairs wirken gehemmt, aus Angst, etwas Verkehrtes zu sagen, denn alle möchten natürlich einen guten ersten Eindruck hinterlassen. Erzählen Sie am besten schon ein wenig von Ihrer Familie, damit das künftige Familienmitglied sich schon etwas auf seinen Aufenthalt vorbereiten kann.

Tipps zur Auswahl eines Aupair

Zuerst ist zu überlegen, ob das Aupair männlich oder weiblich sein sollte. Männliche Aupairs bilden zwar eher Ausnahme, aber es werden auch solche vermittelt.

Wenn der Schwerpunkt in Ihrer Familie eher bei der Kinderbetreuung als bei der Hilfe im Haushalt liegt und die zu betreuenden Kinder Jungen sind, so wird man mit einem männlichen Aupair u.U. weitaus besser fahren, da die Wahrscheinlichkeit größer ist, dass dieser mit den Kindern typische Jungenspiele, Fußball o.ä. spielt und entsprechende andere Freizeitaktivitäten entwickeln wird. Bei Mädchen sind die Interessenschwerpunkte in der Regel doch etwas anders gelagert.

Dann klären Sie die Frage, aus welchem Land Ihr Aupair stammen soll. Die gängigsten Länder sind: Russland, Ukraine, Polen, Georgien, Tschechien, Kenia und die Mongolei. Eines haben all diese

Länder gemeinsam: viele Menschen dort leben am Rande der Armutsgrenze. Wundern sie sich also nicht, wenn das Aupair keine Ahnung von der Bedienung einer Spülmaschine oder eines Wäschetrockners hat. Diese wertvollen Haushaltshelfer sind dort nur Spitzenverdienern erschwinglich und zählen keinesfalls, wie bei uns, zu jedem normalen Haushalt.

Was sehr wichtig ist: Lesen Sie die Bewerbung des jeweiligen Aupairs sehr gründlich. In welche Gegend möchte das Aupair? Hat es bisher in einer Stadt oder in einem Dorf gelebt? Erfahrungsgemäß sind Probleme vorprogrammiert, wenn es von den Örtlichkeiten falsche Vorstellungen hat. Aupairs sind in der Regel junge Mädchen, die in ihrer Freizeit gerne in die Disco oder ähnliches gehen wollen. Auch der Kontakt zu gleichaltrigen Freunden ist wichtig. Wenn die Familie in einem kleinen Dorf wohnt und das Aupair über keinen Führerschein verfügt, wird es mit der Freizeitgestaltung schwierig.

Wir hatten schon ein sehr sympathisches Aupair Mädchen, für das aber nach fünf Monaten eine neue Familie gefunden werden musste, da es trotz Sprachschule keinerlei Kontakte knüpfen konnte. Bei der Wahl des folgenden Mädchens achteten wir darauf, dass es einen Führerschein besaß, was sich als sehr positiv herausstellte. Es war somit nicht auf öffentliche Verkehrsmittel angewiesen (die Verbindungen in kleinen Dörfern sind bekanntlich schlecht) und konnte seine Mitschülerinnen von der Sprachschule besuchen. Gesprächen mit anderen Gastfamilien entnahm ich, dass dieses Problem sehr häufig auftritt.

Sollte man allerdings in einer Stadt wohnen, ist ein Führerschein nicht notwendig, da es dort viele Aupairs gibt und gegenseitige Besuche, Unternehmungen und anderes wegen öffentlicher Verkehrsmittel kein Problem darstellen.

Wer Haustiere hält, sollte in der Aupair Bewerbung nachlesen, ob der oder die Auserwählte tierlieb ist. Eine Übereinstimmung bei diesem Punkt kann wichtig werden. Das Aupair einer befreundeten Familie zeigte derart große Angst vor dem Hund der Familie, dass es sein Zimmer nur dann verließ, wenn dieser eingesperrt wurde. Ich denke, es versteht sich von selbst, dass das Mädchen nicht sehr lange in der Familie blieb.

Beachtet man die vorgenannten Punkte bei seiner Entscheidung, so kann man einigermaßen sichergehen, die typischen Schwierigkeiten zu vermeiden.

Vorbereitung auf die Ankunft des Aupairs

Nun gilt es, sich in Ruhe auf die Ankunft des neuen Familienmitgliedes vorzubereiten.

Die Aupairvermittlung wird Ihnen rechtzeitig die genaue Ankunftszeit des Aupairs mitteilen. Sollten Sie berufstätig sein, wäre es empfehlenswert, sich in der ersten Woche nach Eintreffen des Aupair Urlaub zu nehmen. Ihr neues Familienmitglied braucht seine Zeit, um sich einzugewöhnen und um sich mit den Gepflogenheiten der Familie vertraut zu machen.

Einrichtung und Ausstattung des Aupair-Zimmers

Jedem Aupair steht grundsätzlich ein eigenes Zimmer innerhalb der Familienwohnung zu. Ich selbst habe das Zimmer als kombiniertes Wohn- und Schlafzimmer eingerichtet.

Das Zimmer sollte gemütlich sein und nach Möglichkeit über einen Fernseher verfügen, weil die Familie ja auch einmal unter sich sein will.Ein paar Grünpflanzen und schöne Bilder tragen zu einer guten Atmosphäre des Zimmers bei.

Bestücken Sie den Wäscheschrank des Zimmers mit einigen Garnituren Bettwäsche, damit das Aupair sein Bett bei Bedarf frisch beziehen kann und nicht eigens um frische Wäsche bitten muss.

Stellen Sie am Ankunftstag einen kleinen frischen Blumenstrauß in das Zimmer. Das trägt zu einem freundlichen Empfang bei.

Wichtige Telefonnummern

Notieren Sie auf einem großen Zettel alle wichtigen Telefonnummern, die vom Aupair im Notfall angerufen werden können.
Dazu zählen z.B. die Telefonnummer, unter der Sie erreichbar sind, gegebenenfalls also auch die Handynummer, die Nummer von Nachbarn oder guten Freunden, die in der Nähe wohnen, sowie die Nummer eines Arztes.

Bringen Sie diesen Zettel an einer gut sichtbaren Stelle an, so dass Ihr Aupair in einem Notfall nicht erst lange nach diesem Telefonverzeichnis suchen muss. Machen Sie die Probe, und lassen Sie das Aupair irgendwo außerhalb anrufen, so daß Sie sehen, ob es mit der Vorwahl etc. klarkommt.

Erstellen einer Liste

Nehmen Sie sich die Zeit und erstellen Sie eine Aufgabenliste für Ihr Aupair. Diese Liste ist erfahrungsgemäß eine große Hilfe in der ersten Zeit. Die meisten Anfangsschwierigkeiten entstehen nämlich dadurch, dass das Aupair ungenaue Vorstellungen über seine tatsächlichen Aufgaben hat.Die Liste sollte folgende Punkte aufführen:

✔ Welche Tätigkeiten von dem Aupair erwartet werden.
✔ Zu welcher Uhrzeit das Aupair morgens seine Tätigkeit aufnehmen sollte.
✔ Auf welche Dinge besonders geachtet werden sollte.
✔ Schlafen und Essenszeiten von dem Kind bzw. den Kindern.
✔ Arbeitszeiten und freie Tage.
✔ Termine, zu denen Kinder gebracht u./o. abgeholt werden sollen.
✔ Ob und bis zu welchem Betrag im Monat telefoniert werden darf.

Gestalten Sie diese Liste mit Dingen, die Ihnen wichtig sind.

Da die meisten Aupairs über unzureichende Sprachkenntnisse verfügen, wäre es von Vorteil, diese Liste in die Landessprache Ihres Aupairs übersetzen zu lassen.

Ankunft des Aupair

Wer zum ersten Mal ein Aupair bei sich zu Hause aufnimmt, wird am Anreisetag seines Aupair sicher auch etwas aufgeregt sein. Auch die Kinder sind bestimmt neugierig auf den Neuankömmling.
Vorweg sei gesagt – der erste Tag ist erfahrungsgemäß der schwierigste. Sowohl für Familie und Kinder sowie auch für das Aupair. Alles ist noch neu und fremd, dazu kommen in der Regel sprachliche Probleme. Aber keine Angst. Durch Gespräche (am Anfang vielleicht noch mit einem Wörterbuch) kommt man sich rasch näher.

Die ersten Tage

Am ersten Tag sollten Sie sich darauf beschränken, dem Aupair die komplette Familie vorzustellen, das Haus zu zeigen und ihm die vorbereitete Liste auszuhändigen.
In der Regel haben Aupairs weite und strapaziöse Anreisen hinter sich und sind froh, sich etwas ausruhen zu können.

Bei dem gemeinsamen Frühstück, Mittag- oder Abendessen wird sich sicherlich auch am ersten Tag noch eine Gelegenheit bieten, das neue Aupair etwas besser kennenzulernen.

Den zweiten Tag nutze man am besten dazu, dem Mädchen die Umgebung des Wohnortes zu zeigen. Suche Sie mit ihm die Geschäfte auf, wo Sie üblicherweise Einkäufe tätigen. Bestimmt soll das Aupair später einmal die eine oder andere Besorgung für den Haushalt erledigen. Sind die Kinder schon im entsprechenden Alter, so zeige man auch gleich, wo sich Spielplatz, Kindergarten und Schule befinden.

Nicht vergessen, die Praxis des Hausarztes in die Ortsführung miteinzubeziehen.

Im Notfall muss problemlos ärztliche Hilfe angefordert werden können.Sie sollten nun auch mit Ihrem Aupair besprechen, ob es einen Sprachkurs besuchen möchte. Gute Sprachkurse werden in jeder Volkshochschule angeboten. Wie erwähnt, sind die Kursgebühren vom Aupair zu tragen. Einige Familien gewähren allerdings freiwillig einen Zuschuss.

Die Kursgebühren sind unterschiedlich. In der Regel kostet ein kompletter Deutschkurs zwischen 90,00 € und 120,00 €. Dazu kommen noch die Kosten für Lehrbücher, die sich etwa auf 40,00 € belaufen. Deutschkurse werden sowohl vormittags als auch abends angeboten. Am besten begleitet man das Aupair zur Anmeldung in die Volkshochschule. Die Mitarbeiter dort werden einen ausführlich beraten. Ihr Aupair wird in der Schule einen kleinen Test ablegen und dann entsprechend seiner Kenntnisse in einen entsprechenden Kurs eingestuft werden.

Die Sprachkurse bieten ihm auch eine gute Gelegenheit, erste Kontakte mit anderen jungen Leuten zu knüpfen.

Gehen Sie mit Ihrem Aupair auch gleich in den ersten Tagen nach dem Eintreffen zu ihrem zuständigen Einwohnermeldeamt und melden Sie es an.

Ferner ist Ihr Aupair auch auf dem Arbeitsamt anzumelden.

Sie werden in den nächsten Tagen auch Post von der Ausländerbehörde erhalten. In diesem Schreiben wird man Ihnen einen Termin nennen, an dem Sie dort mit ihrem Aupair zu erscheinen haben. In diesem Schreiben ist auch genau aufgeführt, welche Unterlagen zum Termin mitzubringen sind.

So mancher wird den Eindruck gewinnen, dass dies alles sehr viel Aufwand bedeutet, aber keine Angst, nach Erledigung der Formalitäten, ist alles abgeschlossen.

Der Alltag

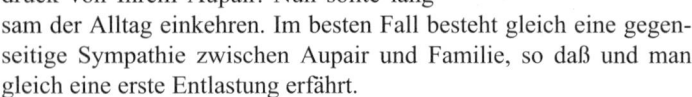

Nachdem ein paar Tage verstrichen sind, haben Sie sicher schon einen ersten Eindruck von Ihrem Aupair. Nun sollte langsam der Alltag einkehren. Im besten Fall besteht gleich eine gegenseitige Sympathie zwischen Aupair und Familie, so daß und man gleich eine erste Entlastung erfährt.

Heimweh

In der Regel handelt es sich bei Aupairs um weltoffene, fröhliche junge Menschen, sonst hätten sie sich ja nicht für einen Aupair Aufenthalt entschieden.

Bedenken Sie aber, dass ein junger Mensch auch Schwierigkeiten mit der Umstellung haben kann. Einige Aupairs leiden gerade in der ersten Zeit, unter Heimweh. Mehrere Hundert Kilometer entfernt von Zuhause, den Eltern und Freunden müssen auch sie erst mit der neuen Situation klar kommen. Erfahrungsgemäß ist mit einer Eingewöhnungszeit in die neue Umgebung und Familie von rund 4–6 Wochen zu rechnen. Während dieser Zeit sollte man sich in Geduld üben und nicht gleich verzweifeln, wenn nicht alles so klappt, wie vielleicht vorgestellt.

Die Gewöhnungsphase der Kinder

Auch den Kindern sollte man genug Zeit lassen, sich an das neue Familienmitglied zu gewöhnen.

Je nach Alter kann es vorkommen, dass sie das Aupair anfangs ablehnen. Nach Stillen ihrer erste Neugier könnte es sogar sein, dass die Kinder aggressiv reagieren. In diesem Fall machen Sie sich keine Sorgen. Ein solches Verhalten ist völlig normal. Die Kinder merken nur, dass ihre Mama oder auch Papa nun auch einmal ohne sie weggehen und machen dafür das Aupair verantwortlich. Für die meisten Kinder ist das eine gravierende Umstellung, da sie bisher überall dabei waren.

Nach ein paar Wochen der Umgewöhnung wird sich dieses Verhalten wieder ändern. Die Kinder lernen es zu schätzen, dass das Aupair ihnen ihre uneingeschränkte Aufmerksamkeit widmet und mit ihnen spielt, malt oder etwas bastelt. Sollte es dennoch wider Erwarten bei der anfänglichen Ablehnung bleiben, sollten Sie dies nicht einfach hinnehmen, sondern nach den Ursachen forschen.Auf dieses Thema wird später noch ausführlicher eingegangen werden.

Wie gestaltet sich der Tagesablauf mit dem Aupair?

Welche Tätigkeiten anfallen, hängt von Ihren persönlichen Bedürfnissen ab. Nachfolgend ein Beispiel:

✔ 8.00 Uhr Aufstehen / Frühstücken.

✔ 8.30 Uhr Kinder zur Schule und/oder zum Kindergarten bringen.

✔ 9.00 Uhr Spülmaschine ausräumen, Bettenmachen, Staubsaugen.

✔ 10.00 Uhr Freizeit.

✔ 12.00 Uhr Kinder von Schule/Kindergarten abholen.

✔ 12.30 Uhr Kleine Mahlzeit für die Kinder zubereiten.

✔ 13.30 Uhr Bei den Hausaufgaben behilflich sein

✔ 14.00 Uhr Freizeit

✔ 15.30 Uhr mit Kindern spielen

✔ 17.00 Uhr Freizeit

Nur in Ausnahmefällen und nach Absprache darf das Aupair auch einmal mehr als fünf Stunden am Tag tätig sein. Ihm steht dann für die mehr geleisteten Stunden ein Freizeitausgleich an einem anderen Tag zu.Ferner können Sie auch eine tägliche Arbeitszeit von sechs Stunden vereinbaren. Dafür hat das Aupair dann an zwei Tagen pro Woche frei.

Woran erkenne ich ein gutes Aupair?

Wer zum ersten mal ein Aupair aufgenommen hat, dem fehlen noch die Vergleichsmöglichkeiten. Aber einige Merkmale lassen Sie ein gutes Aupair erkennen.

So wird es sich erst einmal um ihre Kinder bemühen und versuchen, eine Beziehung zu den Kindern durch Spielen und Zuwendung aufzubauen. Beobachten Sie in der ersten Zeit genau, wie sich das Aupair den Kindern gegenüber verhält. Motiviert es die Kinder zum Spielen oder wartet es darauf, dass die Kinder von sich aus zu ihm kommen? Sucht Ihr Aupair von sich aus die Nähe der Kinder oder hält es sie auf Distanz? An solchen Dingen sehen Sie, wie ernst Ihr Aupair seine Aufgaben nimmt. Ähnlich verhält es sich mit der Hilfe im Haushalt. Müssen Sie um jede Mithilfe bitten, oder verrichtet Ihr Aupair auch ohne Aufforderung einfache Arbeiten im Haushalt? Räumt es z.B. nach dem Essen den Tisch ab, die Spülmaschine ein oder aus oder nimmt es auch mal den Staubsauger in die Hand, wenn nötig?

Nach einigen Tagen sollte Ihr neues Familienmitglied solche Dinge von sich aus erledigen, ohne dass es einer Aufforderung bedarf. Andernfalls suchen Sie ein Gespräch. Das Aupair muss von Anfang an wissen, worauf Sie Wert legen. Es ist keinesfalls ratsam, sich im Stillen zu ärgern, anstatt von vorneherein zu klären, was Ihnen wichtig ist. Gesprächen mit anderen Gastfamilien konnte ich entnehmen, dass am Anfang oftmals Hemmungen bestehen, klar zum Ausdruck zu bringen, wenn etwas nicht in Ordnung ist. Das ist aber grundverkehrt. Mit der Zeit stauen sich dann so viele Dinge an, dass häufig schon eine Kleinigkeit ausreicht, um die Bombe zum Platzen zu bringen. Ihr Aupair wird dann die Welt nicht mehr verstehen, da seiner Meinung nach alles in bester Ordnung war. Sie hatten sich ja nie beschwert.

Ein aufgeschlossenes Aupair wird auch von selbst immer das Gespräch suchen. Nehmen Sie sich eine halbe Stunde Zeit pro Tag, in der Sie ungestört mit Ihrem Aupair reden können. Das ist unbedingt nötig, um alles zu besprechen, was vielleicht den Tag über angefallen ist.

Kinder und Aupair allein zu Haus

Haben Sie nun den Eindruck gewonnen, dass Ihr Aupair sich eingelebt und auch schon ein gutes Verhältnis zu den Kindern entwickelt hat, dann ist es auch möglich, es mit den Kindern mehrere Stunden allein zu lassen. Hinterlassen Sie in jedem Fall eine Telefonnummer, unter der Sie erreichbar sind.

Hilfreich ist es auch, wenn Sie vielleicht eine Freundin oder einen Nachbarn haben, bei denen Ihr Aupair im Notfall Hilfe anfordern könnte.

Erklären Sie vorher genau, was die Kinder essen sollen, ob Fernsehen geschaut werden darf, und wann die Kinder zu Bett müssen. Machen Sie sich nicht zu viele Sorgen, ob das Aupair auch alleine mit der Kinderbetreuung zurechtkommt. In der Regel bestehen damit keine Probleme. Genießen Sie lieber ein wenig die neu erworbene Freiheit.

Ich fand es zum Beispiel ganz toll, endlich mal wieder einen Friseurtermin wahrnehmen zu können, ohne vorher erst langwierige, umständliche Terminabsprachen mit meinem Mann oder einer Freundin treffen zu müssen.

Auch das geliebte Hobby von meinem Mann und mir, den Square Dance (amerikanischer Volkstanz), konnten wir nun nach vierjähriger Pause endlich wieder aufnehmen. Ohne zuverlässigen Babysitter hatten wir das damals notgedrungen einstellen müssen.

Hilfe bei Problemen

Probleme mit dem Aupair sind gar nicht so selten. Oft liegt es an fehlender Erfahrung, wenn man sich in schwierigen Situationen nicht immer zu helfen weiß. Es ist von Vorteil, dann aus den Erlebnissen anderer Gastfamilien Nutzen ziehen zu können. Aus zahlreichen Gesprächen mit anderen Aupair-Familien werde ich nun die häufigsten Probleme mit bewährten Lösungen schildern. Bedenken Sie aber bitte, dass dies lediglich als Hilfestellung dienen soll. Es gibt für Probleme keine Patentlösung, denn jedes Aupair und jede Familie ist individuell, hat seine Eigenheiten.

Problem: Mein Aupair zeigt wenig Interesse an den Kindern.

<u>Lösung:</u> Führen Sie ein Gespräch mit Ihrem Aupair. Sagen Sie ganz klar, welchen Eindruck Sie haben. Es könnte sein, dass einfach nur unzureichende Sprachkenntnisse vorhanden sind und aus diesem Grund Hemmungen bestehen, den Kindern etwas Falsches zu sagen. Erklären Sie ihm, was Ihre Kinder gerne mögen. Zeigen Sie die Lieblingsspielsachen, und erklären Sie dem Aupair die Lieblingsspiele der Kinder.

Problem: Mein Aupair hilft nicht im Haushalt.

Lösung: Erstellen Sie eine Liste, mit zu erledigenden Hausarbeiten, die Sie mit dem Aupair Punkt für Punkt durchgehen. Es könnte sonst sein, dass Ihr Aupair mangels Sprachkenntnissen nicht versteht, was genau es tun soll.

Problem: Mein Aupair leidet unter heftigem Heimweh.

Lösung: Bei diesem Problem hilft am besten Ablenkung. Wenn Sie die erste Zeit außer Haus gehen, nehmen Sie Ihr Aupair mit, so oft es geht. Egal ob Sie Freunde besuchen oder zum Einkaufen gehen, jede Art von Abwechslung hilft dabei, Heimweh zu bekämpfen.

Je mehr Zeit Sie sich nehmen können, um dem Aupair die Umgebung zu zeigen und Ihre Freunde und Bekannten vorzustellen, um so eher wird es sich bei Ihnen heimisch fühlen und sein Heimweh vergessen.

Problem: Mein Aupair findet keinen Kontakt zu anderen jungen Leuten.

Lösung: Rufen Sie bei Ihrer Aupairvermittlung an. Man wird Ihnen dort gerne eine Liste mit Telefonnummern anderer Aupairs in der Nähe geben. Außerdem veranstalten viele Vermittlungen monatliche Aupair-Treffen. Auch dazu kann Ihre Aupair-Vermittlung nähere Auskünfte erteilen.

Ferner dient auch die Sprachschule als gute Kontaktbörse. Melden Sie Ihr Aupair zu einem Deutschsprachkurs an.

Problem: Mein Aupair telefoniert häufig von unserem Telefon aus mit seinen Eltern etc. im Ausland.

Lösung: Streit mit dem Aupair wegen zu hoher Telefonkosten ist eines der am häufigsten vorkommenden Probleme zwischen Familie und Aupair.Klären Sie von Anfang an, ob das Familientelefon mitbenutzt werden darf und in welchem Umfang. Gestattet man dies, so empfiehlt sich die Festlegung eines festen Freibetrags, der also monatlich in Anspruch genommen werden darf.

Machen Sie dem Aupair unmissverständlich klar, dass dieser Betrag nicht überschritten werden darf. Zeigen Sie, wo sich ein öffentlicher Fernsprecher befindet, von dem Telefongespräche ins Ausland geführt werden können. Es hat sich nicht bewährt, Telefongespräche zu erlauben, mit der Auflage, die Gebühren von dem Taschengeld abzuziehen, da die meisten Aupairs kaum mit ihrem Geld auskommen.

Problem: Mein Aupair ist auch in seiner Freizeit immer in meiner Nähe und zieht sich selten in sein Zimmer zurück. Dadurch haben wir nur noch wenig Privatsphäre.

<u>Lösung:</u> Sagen Sie Ihrem Aupair ganz offen, dass Sie auch einmal ungestört sein möchten.

Schauen Sie sich das Zimmer von Ihrem Aupair in Ruhe an. Ist es gemütlich eingerichtet und lädt es zum Verweilen ein? Verfügt es über einen eigenen Fernseher? Wenn dies nicht der Fall sein sollte, würde ich empfehlen, einen kleinen Fernseher zu besorgen, damit das Aupair nicht gezwungen ist, sich zum Fernsehen im Wohnzimmer aufzuhalten.

Problem: Mein Aupair erhält oft spät abends noch Anrufe.

<u>Lösung:</u> Machen Sie es klar, bis zu welcher Uhrzeit Anrufe geduldet sind. Sollte sich an Anrufen zu ungewöhnlichen Zeiten nichts ändern, so sagen Sie den Anrufern direkt, daß solche Störungen unerwünscht sind.

Problem: Mein Aupair kommt mit seinem Taschengeld nicht aus. Ständig muss ich einen Vorschuss auf das nächste Taschengeld geben.

<u>Lösung:</u> In so einem Problemfall hat sich eine wöchentliche Auszahlung des Taschengeldes bewährt. Die meisten Aupairs „verdienen" zum ersten Mal eigenes Geld und haben noch nicht gelernt,

damit umzugehen. Sie sehen dann nur am Monatsanfang einen relativ stattlichen Betrag und bedenken dabei nicht, dass ein Monat in der Regel 30 Tage hat.

Problem: Mein Aupair bringt ohne um Erlaubnis zu fragen, einfach fremde Leute mit nach Hause.

<u>Lösung:</u> Sprechen Sie mit dem Aupair von Anfang an ab, in wieweit Sie Besuche von Bekannten des Aupair gestatten. Es ist durchaus üblich, dass Aupairs sich gegenseitig besuchen und auch am Wochenende gerne mal zusammen übernachten. Wenn Sie ein gutes und offenes Verhältnis zu Ihrem Aupair haben, dürfte dies auch kein Problem sein. Aber letztlich bleibt es Ihnen überlassen, ob Sie damit einverstanden sind oder nicht.

Problem: Mein Aupair läßt meine Kinder ständig Fernsehen schauen, anstatt sich sinnvoll mit ihnen zu beschäftigen.

<u>Lösung:</u> Erklären Sie, wann, wieviel und was von den Kindern in Fernsehen geschaut werden darf. Bestimmte Sie die Zeiten, zu denen der Fernsehapparat eingeschaltet werden darf. Markieren Sie für das Aupair die Sendungen in der Programmzeitschrift, die die Kinder sehen dürfen.

Problem: Mein Aupair ist abends ständig unterwegs und kommt erst spät in der Nacht nach Hause. Morgens hat es dann natürlich Schwierigkeiten aus dem Bett zu kommen und muss erst mehrmals geweckt werden, bevor es dann endlich aufsteht.

<u>Lösung:</u> Auch hier hilft in erster Linie erst einmal ein klärendes Gespräch. Verdeutlichen Sie es dem Aupair, dass es seine Aufgaben ernst zu nehmen hat. Sagen Sie ruhig, dass Sie ihm die Verantwortung für Kinder und Haushalt nicht übertragen können, wenn es unter chronischem Schlafmangel leidet.

Problem: Mein Aupair achtet unsere Intimsphäre nicht und erkundet unsere privaten Schränke in unserer Abwesenheit.

<u>Lösung:</u> in diesem Fall ist wohl ein kleines Donnerwetter angesagt.

Obst und Gemüse

Apfel

Erdbeeren

Walnuss

Banane

Zwiebel

Kirschen

Karotten

Paprika

Salatgurke

Essiggurke

Obst und Gemüse

Zitrone

Erbsen
(mit Schote)

Zwetschgen

Knoblauch

Grapefruit

Tomate

Erdnüsse

Kopfsalat

Birne

Orange

Mandarinen

Zeigen Sie, wie ungehalten Sie über ein derartiges Verhalten sind. Ihr Aupair muss genau merken, dass Sie dies nicht dulden. Stellen Sie die Frage, ob es ihm gefallen würde, wenn Sie in seiner Abwesenheit seine persönlichen Sachen durchsuchen würden.

Problem: Mein Aupair raucht in unserer Wohnung, obwohl es sich in der Bewerbung als Nichtraucher ausgab.

Lösung: Sagen Sie dem Aupair, dass in ihrer Wohnung oder Ihrem Haus Rauchen unerwünscht ist. Bitten Sie es darum, zum Rauchen nach draußen zu gehen. Sollte Ihr Aupair sich nicht an das Rauchverbot halten, verständigen Sie darüber die Aupair-Agentur.

Problem: Mein Aupair und ich, sind zwei völlig unterschiedliche Charaktere. Obwohl wir uns beide sehr bemühen, kommen wir einfach nicht miteinander aus. Es herrscht einfach eine gewisse Antipathie zwischen uns.

Lösung: In einer solchen Situation hilft meist nur noch der Gang zum Aupair-Vermittler. Man wird dort versuchen, in einem Gespräch herauszufinden, ob die Probleme zwischen beiden Parteien wirklich unüberwindbar sind und gegebenenfalls einen Aupair-Wechsel vorschlagen, d.h. dass die Agentur für Ihr Aupair eine neue Familie sucht und im Gegenzug einen neuen Vermittlungsvorschlag unterbreitet.
Verzweifeln Sie in solch einem Fall nicht gleich. Es kommt des öfteren vor, dass es nicht gleich beim ersten Anlauf klappt. Wenn Aupair und Familie völlig verschieden sind und dennoch für eine längere Zeit zusammen wohnen sollen, sind Probleme vorprogrammiert. In diesem Fall ist es besser, sich gleich wieder zu trennen, als später, wenn die Kinder sich schon an das Mädchen gewöhnt haben. Erfahrungsgemäß funktioniert es dann beim zweiten Versuch besser.

Problem: Mein Aupair isst häufig Süßigkeiten und stochert bei den Mahlzeiten nur im Essen herum. Das Aupair ist damit natürlich kein gutes Vorbild für die Kinder.

Lösung: Manche Aupairs haben am Anfang Probleme mit den neuen Speisen. Fragen Sie genau nach, welche Lebensmittel Ihr Aupair nicht mag.Bitten Sie Ihr Aupair, vor den Kindern nicht so viele Süßigkeiten zu sich zu nehmen.

Fragen Sie nach, ob es kochen kann. Sollte dies der Fall sein, machen Sie den Vorschlag, dass Ihr Aupair an 1–2 Tagen pro Woche das Kochen übernimmt.

Problem: Mein Aupair hat einen festen Freund. Seit es mit ihm zusammen ist, erledigt es seine Aufgaben nur noch nebenbei. Der neue Partner scheint höchsten Vorrang zu genießen, wobei die Pflichten dann weit in den Hintergrund gerückt sind.

Lösung: Auch dieses Problem tritt sehr häufig auf. Auch in diesem Fall hilft in erster Linie ein Gespräch. Sagen Sie Ihrem Aupair, dass seine Pflichten an erster Stelle stehen und dass genügend Freizeit vorhanden ist, um sich mit dem Partner zu treffen. Zeigen Sie deutlich, dass Sie von ihm eine verantwortungsbewusste Erfüllung der Aufgaben erwarten.

Sollte sich die Situation darauf hin nicht bessern, scheuen Sie sich nicht, die Aupairvermittlung einzuschalten.

Problem: Mein Aupair ist sehr unordentlich und läßt überall seine Sachen herumliegen.

Lösung: Ich selbst bin wie folgt vorgegangen: Ich habe dem Aupair alle herumliegenden Sachen vor die Zimmertür gelegt. Meist wurde dieser Wink verstanden. Hat sich dennoch nichts geändert, habe ich in einem Gespräch deutlich zum Ausdruck gebracht, dass ich Wert auf Ordnung lege und das auch von meinem Aupair erwarte.

Problem: Mein Aupair trifft häufig Verabredungen, ohne sich mit mir abzusprechen. Wenn wir dann etwas vorhaben, hat es oft schon eigene Pläne.

Lösung: Besorgen Sie sich einen Kalender, mit viel Platz für Eintragungen. Bewahren Sie diesen Kalender an einem festen Platz auf. Hier können Sie und Ihr Aupair Ihre Termine und Verabredungen

Essen und Trinken

Käse

Torte/Kuchen

Butter

Joghurt

Fleischspieß

Brötchen

Wurst

Brot

Marmelade

Milch

Würste

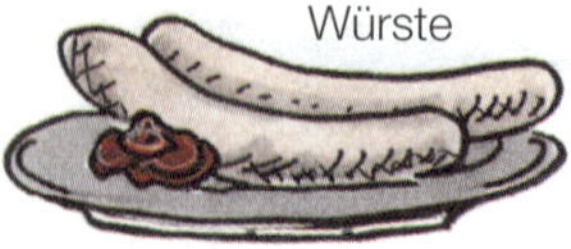

Fürs Kind

Sandkasten

Kissen

Schoppen,
Fläschchen

Bilderbuch

Rassel

Bauklötze

Decke

eintragen. Somit ist immer klar ersichtlich, wer wann etwas geplant hat. Überschneidungen können Sie lange genug vorher erkennen und nach einer Alternative suchen.Ich möchte nun das Kapitel mit Problemlösungen schließen. Zum einen ist es ohnehin nicht möglich, alle etwaig auftretenden Probleme hier zu benennen, und zum anderen möchte ich nicht den Eindruck erwecken, mit einem Aupair kämen nur Probleme ins Haus. Die Aufnahme eines Aupair bietet viele Vorteile für die Familie, aber wenn Probleme auftauchen, ist es schön, wenn man sich nicht so hilflos vorkommt und von den Erfahrungen anderer Familien profitieren kann. Sollten Sie mit Ihrem Aupair einmal vor einem Problem stehen, das nicht mit einem Gespräch oder mit einem der hier aufgeführten Lösungen zu bewältigen ist, setzen Sie sich immer mit Ihrer Aupairvermittlung in Verbindung. Dort arbeiten kompetente Menschen, die in den meisten Fällen weiterhelfen können.

Ergibt sich keine Lösung, dann bleibt wie erwähnt, nur noch die Möglichkeit, einen Aupair-Wechsel vorzunehmen. Solch ein Fall tritt öfter ein, und ist auf jeden Fall eine bessere Lösung, als sich tagtäglich zu ärgern und den Tag zu bereuen, an dem das Aupair ins Haus gekommen ist.

Erfahrungsgemäß klappt es bei dem zweiten Aupair dann hervorragend. Sie haben schon etwas an Erfahrungen sammeln können, wovon die Nachfolgerin dann profitieren wird.Im Gegenzug kann auch eine Familie ihre Vorteile davon haben, wenn sie sich für ein Aupair entscheidet, das bereits in einer anderen Familie war. Dieses Aupair hatte dann schon die Möglichkeit, zu sehen, wie es in einer anderen Familie zugeht. In der Regel geben Aupairs, die schon einen Wechsel hinter sich haben, in der neuen Familie ihr Bestes und vermeiden eine Wiederholung alter Fehler. Ich hatte wie schon erwähnt, bereits viermal Wechslerinnen, wobei von den vorhergehenden Familien stets mangelnde Sprachkenntnisse als Grund für den Wechsel angeführt wurden. Im ersten Fall mag dies zutreffend gewesen sein, aber bei den anderen Aupairs waren ausreichende Sprachkenntnisse vorhanden, so dass dieser Grund wohl nur vorgeschoben und mangelnde Sympathie die eigentliche Ursache für den Wechsel war.

Anzumerken ist, dass natürlich auch das Aupair die Möglichkeit hat, die Aupairvermittlung aufzusuchen, um dort Hilfe für seine Probleme in Anspruch zu nehmen. Es könnte also auch passieren, dass sich Ihre Vermittlungsagentur mit Ihnen in Verbindung setzt und Sie zu einem Gespräch bittet.Bitte nehmen Sie Ihrem Aupair einen solchen Schritt nicht übel. In den meisten Fällen sind wirkliche Probleme der Anlaß für ein derartiges Verhalten.

Es kommt leider immer wieder vor, dass Aupairs oder Familien völlig unterschiedliche bzw. falsche Vorstellungen über einen Aupair-Aufenthalt haben. Einerseits denken die Aupairs, dass sie sich, weit weg von ihren eigenen Familien, ein schönes Leben machen können, ohne viel dafür tun zu müssen, andererseits hoffen die Familien, eine billige Aufsichtsperson für ihre Kinder und eine Haushaltshilfe für unbeliebte Hausarbeiten zu bekommen.Ich möchte nicht falsch verstanden werden, aber jedes unter solchen Aspekten geschlossene Aupair-Verhältnis ist eines zu viel.

Was ist, wenn das Aupair in eine andere Familie wechseln möchte?

Wie erwähnt, könnte es sein, dass Ihr Aupair, wegen anscheinend unlösbarer Probleme die Vermittlungsagentur aufsucht.

Ebenso wie Sie sich vielleicht ein ganz anderes Aupair vorgestellt haben, kann es natürlich auch sein, dass das Mädchen ganz andere Vorstellungen über die Gastfamilie hegte. Der häufigste Grund, warum ein Aupair die Familie wechseln möchte, ist der, dass entweder keinerlei Sympathie zwischen der Familie und dem Aupair vorhanden oder die Familie kinderreich und das Mädchen schlicht überfordert ist.

Ein Familienwechsel geht meist nicht von ein auf den anderen Tag vonstatten. Das Aupair wird dann trotzdem noch ein paar Tage bei

Fürs Kind

Spielzeugauto

Teddy

Kinderwagen

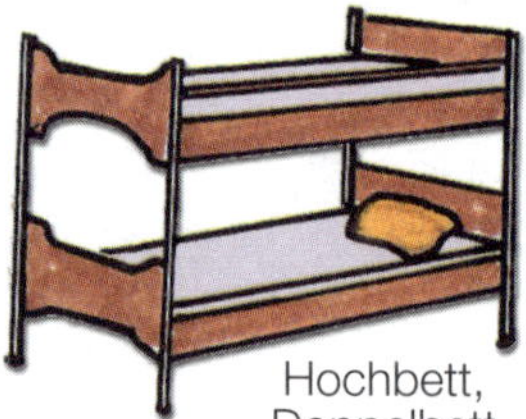

Hochbett,
Doppelbett

Ball

Puppe

Schaukelpferd

Schreibtafel

Brettspiel

Fürs Kind

Babybett

Mobile

Federball-Spiel

Schaufel

Eimer

Bälle

Springseil

Hopsball

Planschbecken

Tor

Schubkarre

Fußball

Ihnen bleiben. Versuchen Sie, aus dieser Zeit das Beste zu machen und sehen Sie die Angelegenheit positiv. Es ist immer besser, sich am Anfang zu trennen, als zu einem späteren Zeitpunkt, wenn die Kinder sich bereits an das Aupair gewöhnt haben. Es zeugt auch von großer Ehrlichkeit seitens des Aupair, wenn es einen Familienwechsel anstrebt, weil es mit der Familiensituation nicht klar kommt.

Nach einiger Zeit ...

Wenn Ihr Aupair nun schon seit einigen Monaten bei Ihnen lebt, dann dürfte sich mittlerweile alles schon eingespielt haben. Im günstigsten Fall besteht ein freundschaftliches Verhältnis, so dass es voll in Ihre Familie integriert ist.

Ist das Mädchen schon über einen längeren Zeitraum in der Familie, so herrscht nun auch sicher schon ein gewisses beidseitiges Vertrauensverhältnis. Sicher hat es auch schon Freunde gefunden und ein reges Eigenleben entwickelt. Freuen Sie sich, für Ihr neues Familienmitglied, wenn dies der Fall ist, schließlich soll es seinen Aufenthalt in Deutschland in angenehmer Erinnerung behalten. Und dazu gehört natürlich auch, dass es einen eigenen Freundeskreis gefunden hat und nicht nur auf Ihre Gesellschaft angewiesen ist.

Vielleicht haben Sie ja auch schon etwas von der Kultur des Heimatlandes Ihres Aupair kennenlernen dürfen.

Ich bitte unsere Aupairs immer wieder einmal Gerichte aus ihren Herkunftsländern zuzubereiten. Das bereitet den meisten Aupairs viel Freude, und wir werden mit Spezialitäten aus anderen Ländern verwöhnt.

Verhältnis zwischen Kindern und Aupair

Wie bereits erwähnt, möchte ich nun noch ausführlicher auf die mögliche Problematik zwischen Kindern und Aupair eingehen.

Wenn Ihre Kinder das Aupair problemlos in Ihre Familie aufgenommen haben, dann freuen Sie sich, so unkomplizierte Kinder zu haben. Denn vorweg sei gesagt: Das ist nicht die Regel! Die meisten Kinder brauchen eine längere Zeit, bis sie den neuen Mitbewohner voll und ganz akzeptieren. Das hängt natürlich auch stark vom Alter der Kinder ab.

Sehr kleine und sehr große Kinder haben die wenigsten Probleme bei der Akzeptanz des Aupairs. Kleine Kinder(ca. 0–12 Monate), die sich noch nicht in der „Fremdelphase" befinden, registrieren die Veränderung, die ein Aupair mit sich bringt, noch nicht so stark, als das daraus ernst zu nehmende Probleme entstehen könnten.

Größere Kinder (gemeint sind hier solche ab ca. acht Jahren), haben meist schon eigene Interessen und erkennen auch schnell die Vorteile, die ein ihnen Aupair beschert. Endlich einmal einen erwachsenen Menschen zu haben, der sich viel Zeit für Spiele und andere Freizeitaktivitäten nehmen kann; das finden fast alle Kinder in diesem Alter toll.Schwieriger wird es da schon mit Kindern mittleren Alters, ab ca. einem Jahr, die in den allermeisten Fällen nur von Mama oder Papa betreut werden wollen. Alle Menschen, die ihnen fremd sind, bekommen erst einmal die volle Ablehnung des Kindes zu spüren. Das ist ein ganz normales Verhalten und spricht nur für das gute Verhältnis, das Sie als Eltern zu Ihrem Kind haben.

Hier heißt es, das Aupair und das Kind behutsam aneinander zu gewöhnen. Bleiben Sie am Anfang im selben Zimmer, wenn Ihr Aupair sich mit Ihrem Kind beschäftigt. Ihr Kind muss die Gewissheit haben, dass Sie in erreichbarer Nähe sind. Nach ein paar Tagen können Sie das Zimmer dann schon für einige Minuten verlassen. Auch wenn Ihrem Kind das nicht recht sein sollte und es vielleicht anfängt zu weinen, bleiben Sie standhaft. Schließlich haben Sie ja ein Aupair bei sich aufgenommen, um etwas Entlastung zu haben. In der Regel hat sich Ihr Kind nach ein paar Tagen an die neue Person im Haus gewöhnt, so dass Sie dann schon mal alleine Einkaufen gehen können.

Haushaltswaren

Korken-
zieher

Sieb

Mixer

Allzweckrolle

Schüsseln

Kochtopf

Pfanne
(mit Spiegelei)

Kochlöffel

Backform

Napfkuchen-
form

Nudelholz

Küchenmaschine

Haushaltswaren

Besteck

Trinkgläser

Salz- und
Pfefferstreuer

Bierglas

Putzmittel

Wasserkocher

Käseglocke

Fiss

Spüli

Spül-
mittel

Kaffeekanne

Tasse und
Unterteller

Schwamm

Teekanne

Wie schnell das Miteinander zwischen Kind und Aupair funktioniert, hängt natürlich in erster Linie davon ab, was für ein Typ
Mensch beide sind.

Bei den über Zweijährigen kann sich das ganze etwas länger hinzie-
hen. Diese Altersklasse hat meist schon ein gutes Durchsetzungs-
vermögen. Meist waren es die Kinder gewohnt, die Eltern überall
hin zu begleiten. Und nun soll das auf einmal nicht mehr so sein?
Das seinen Kindern begreiflich zu machen, kann ein echtes Stück
Arbeit bedeuten. Aber es lohnt sich! Denken Sie daran, dass Sie
wieder ein Stück unabhängiger werden und Ihre Kinder schließlich
auch von Eltern profitieren, die auch einmal etwas Zeit für eigene
Interessen haben und dadurch gut gelaunt sind.

Versuchen Sie zuerst Ihren Kindern begreiflich zu machen, dass
Sie immer wiederkehren. Denn oft stecken echte Verlustängste
dahinter, wenn Ihre Kinder sich gegen das Aupair sperren. Verlassen Sie auch niemals heimlich das Haus. Solche Aktionen würden
nur das Vertrauen, welches Ihre Kinder zu Ihnen haben, erschüttern.
Sagen Sie in einem ruhigen Tonfall, dass Sie jetzt zum Einkaufen,
Friseur, zur Arbeit etc. gehen und wann Sie in etwa wieder da sein
werden.

Treffen Sie mit dem Aupair vorher eine genaue Absprache, wie es
sich während der Zeit, wo Sie nicht anwesend sind, mit Ihren Kindern beschäftigt soll. Es ist nämlich wichtig, dass Ihr Aupair
während der Zeit, in der es ihre Kinder betreut, möglichst viele
interessante Aktivitäten entwickelt, damit sie sich wohl fühlen und
die Zeit in angenehmer Erinnerung behalten.
Trotz alledem ist in der ersten Zeit mit wahren Schreiorgien zu
rechnen. Aber dann gilt es konsequent zu bleiben. In der Regel
beruhigen sich die Kinder nach ein paar Minuten und alles ist in
bester Ordnung. Sie können sich ja nach Ihrem Weggehen noch eine
Weile in der Nähe der Wohnungstür aufhalten und so feststellen, ob
Ihre Kinder sich schnell beruhigen oder noch lange weinen.Können
Sie nach vier bis sechs Wochen immer noch nicht das Haus verlas-

sen, ohne dass Ihre Kinder weinen, dann ist es an der Zeit, nachzuforschen, ob hier nicht tiefere Gründe vorliegen.

Es könnte ja auch sein, dass zwischen den Kindern und dem Aupair einfach die Chemie nicht stimmt. Am besten suchen Sie in so einem Fall Ihre Aupairvermittlung auf. Die Mitarbeiter dort werden in einem Gespräch versuchen herauszufinden, wo genau das Problem liegt.

Kann ich das Aupair auch einmal für zwei, drei Tage mit den Kindern alleine lassen?

Vielleicht möchten Sie ja gerne mit Ihrem Partner mal über ein Wochenende alleine verreisen? Grundsätzlich steht dem nichts im Wege. Nur wenn die Kinder noch sehr jung sind, würde ich davon abraten. Es könnte sich dann rasch das Gefühl einer Überforderung, ja Ohnmacht beim Aupair einstellen. Es kommt darauf an, wie selbständig es im Umgang mit den Kindern und im Haushalt ist. Vor allem ist natürlich zuerst abzusprechen, ob es sich dazu bereit erklären würde. Ist das Verhältnis zwischen den Kindern und dem Aupair schon gefestigt, so sind im allgemeinen keine Probleme zu erwarten. Es ist ferner wichtig, noch eine Person Ihres Vertrauens über Ihren Kurzurlaub zu informieren, die dann bei Notfällen zur Verfügung steht. Ihr Aupair muss die Gewißheit haben, in einem Notfall nicht auf sich allein gestellt zu sein. Es ist natürlich selbstverständlich, dem Aupair für alle mehr geleisteten Stunden einen Freizeitausgleich zu gewähren.

Sprechen Sie vor der Abfahrt mit dem Aupair alles genau durch. Hinterlassen Sie in jedem Fall auch die exakte Adresse mit Telefonnummer, um jederzeit erreichbar zu sein. Hinterlassen Sie auch etwas Bargeld zu Hause. Vielleicht möchte das Aupair mit den Kindern etwas unternehmen.
Rufen Sie in regelmäßigen Abständen zu Hause an und vergewissern Sie sich, dass alles in Ordnung ist. Es könnte sein, dass Ihr

Haushaltsgeräte

Bügelbrett

Hammer

Gießkanne

Wäscheständer

Wäsche-korb

Schere

Staubsauger

Kühlschrank

Herd(-Platte)

Backofen

Haushaltsgeräte

(Putz-)Eimer

Leiter

Kehrschaufel

Besen

Kehrbesen

Bürste

Schuhcreme

Staubwedel

Spülbürste

Schuhputz-
bürste

Bügeleisen

Spülmaschine

Waschmaschine

Aupair noch ein paar Fragen hat, die ihm erst nach Ihrer Abreise eingefallen sind. Eventuell traut es sich dann nicht anzurufen, da es Sie nicht beunruhigen oder stören möchte.

Wenn Sie ein gutes Verhältnis zu ihrem Aupair haben und auch Ihre Kinder gerne mit ihm zusammen sind, sind Sorgen unbegründet. Ihre Kinder werden es wahrscheinlich genießen, mal mit der neuen „großen Schwester" allein zu Hause zu sein. Schließlich geht es dann doch etwas lockerer zu, wie man es vielleicht auch von Besuchen bei der Oma kennt.

Respektlosigkeit der Kinder gegenüber dem Aupair

Es kommt öfter vor, dass die Kinder der Gastfamilie keinerlei Respekt gegenüber dem Aupair zeigen. Hier ist dann schnellstmöglich einzuschreiten.

Ihre Kinder müssen die Autorität des Aupairs vorbehaltlos anerkennen. Letztlich trägt es bei Abwesenheit der Eltern die alleinige Verantwortung für die Kinder. Wenn die Kinder es nicht akzeptieren, kann dies zu einem wahren Spießrutenlauf ausarten. Ich habe von Fällen gehört, in denen z.B. die Kinder der Gastfamilie dem Aupair das Essen weggenommen und dem Hund hingestellt haben. Es ist anzunehmen, dass das Aupair dies alles andere als lustig empfunden hat.

Sollten Sie eine gewisse Respektlosigkeit bei Ihren Kindern bemerken, dann ist Sie sofort einzuschreiten. Ihre Kinder müssen merken, dass Sie das Aupair ernst nehmen. Sollte es Ihnen von irgendwelchen Schandtaten der Kinder erzählen, dann ist es wichtig, mit Ihren Kindern sofort darüber zu reden. Sie sollen wissen, dass die Eltern über solche Dinge informiert werden, und dass ihr Verhalten gegebenenfalls Konsequenzen zur Folge haben wird.

Bemerken Ihre Kinder, dass ein Fehlverhalten dem Aupair gegenüber von den Eltern geduldet wird, dann werden sie in Zukunft in der Zeit, die sie mit dem Aupair alleine verbringen, wahrscheinlich machen, was sie wollen. Lassen Sie es keinesfalls so weit kommen!

Respektlosigkeit des Aupairs gegenüber der Gastfamilie

Es kann natürlich auch der umgekehrte Fall eintreten, nämlich dass das Aupair der Gastfamilie nur wenig Respekt entgegenbringt. Das kommt zwar äußerst selten vor, ist aber doch möglich. Meist ist ein zu freundschaftliches Verhältnis Anlass für ein derartiges Verhalten. Sie sollten schon darauf achten, dass klar ist, wer der Herr im Haus ist.

Das soll nun nicht heißen, dass ich davon abrate, ein gutes und herzliches Verhältnis zu Ihrem Aupair aufzubauen. Im Gegenteil, eine gute Beziehung zwischen Gastfamilie und Aupair, ist das „A und O" eines jeden Aupair-Verhältnisses. Aber es darf nicht soweit gehen, dass Ihr zusätzliches Familienmitglied macht, wozu es gerade Lust hat oder sich Ihnen gegenüber Dinge herausnimmt, die ihm nicht zustehen. Sollten Sie solch ein Verhalten bemerken und keine Änderung durch ein ausführliches Gespräch mit dem Aupair erreichen, dann suchen Sie unverzüglich Ihre Aupairvermittlung auf. Auch in diesem Fall wird man Ihnen mit Rat und Tat zur Seite stehen.

Verständigungsschwierigkeiten zwischen Kindern und Aupair

Zu Anfang kann es schon vorkommen, dass besonders die Kinder gewisse Probleme mit den eventuell unzureichenden Sprachkenntnissen des Aupair haben. Sind kleinere Kinder in der Familie, die

Dinge aller Art

Sofa

Sessel

Camping-Zelt

Foto-apparat

Regenschirm

Taschen-lampe

Schlüssel

Computer

Telefon

Schreibblock, Notizblock

Briefmarke

Fahrrad

Dinge aller Art

DVD

Handy

Stuhl

Teppich

Wecker

Koffer

Vase

Armband-
uhr

Buch

Tisch

gerade sprechen lernen, dann achten Sie bei der Auswahl des Aupairs auf ausreichende Sprachkenntnisse. In den Bewerbungsunterlagen der Aupairs finden sich Hinweise auf die Deutschkenntnisse. Sollten Ihre Kinder schon größer sein, dann können Sie auch ohne Probleme ein Aupair auswählen, das noch nicht so gut deutsch spricht. Schließlich kommen ja die meisten Aupairs nach Deutschland, um unsere Sprache zu erlernen. Es hat mich immer wieder in Erstaunen versetzt, wie schnell unsere Aupairs deutsch gelernt haben. Nach ca. zwei Monaten gab es kaum ein Wort, was das Aupair nicht beherrscht hätte.

Wenn das Aupair erkrankt ...

Es ist höchst wahrscheinlich, dass Ihr Aupair während seines Aufenthalts auch einmal krank wird. Für diesen Fall haben Sie ja eine Aupair Krankenversicherung abgeschlossen.

Wie die Kostenübernahme erfolgt, ist je nach Krankenversicherung unterschiedlich. Entweder rechnet der Arzt direkt mit der Versicherung ab, oder Sie müssen zumindest für die Kosten der verordneten Medikamente in Vorleistung treten. In der Regel sind die angebotenen Aupair-Versicherungen sehr gut und die Kostenübernahme klappt reibungslos. Einige Krankenversicherungen bieten sogar eine finanzielle Entschädigung für den Fall, dass das Aupair stationär in ein Krankenhaus aufgenommen werden müßte.

Was ist, wenn Sie krank werden?

Sollten Sie einmal krank werden und vielleicht einige Tage Bettruhe benötigen, dann ist es ohne weiteres möglich, dass Ihr Aupair nach

Absprache auch mal ein paar volle Tage den Haushalt und die Kinder betreut. Selbstverständlich steht ihm für diese Mehrstunden ein Freizeitausgleich zu.

Wie Sie sehen, kristallisiert sich hier ein weiterer Pluspunkt heraus. Meist ist es doch so, dass der betreuende Elternteil, auch wenn er krank ist, sich nicht einfach in sein Bett legen kann und seine Grippe oder ähnliches auskuriert.

Bei sehr kleinen Kinder im Haus bleibt oft keine andere Wahl, als dass der andere Elternteil sich Urlaub nimmt und in der Zeit die Kinder und den Haushalt versorgt.

Ich habe mit unseren Aupairs die Erfahrung gemacht, dass sie mich ganz lieb versorgt haben, wenn mich wieder mal eine heftige Erkältung plagte.

Ich hatte immer den Eindruck, dass sie es als Herausforderung sahen, sich in dieser Zeit um alles kümmern zu sollen.

Wenn ich wieder gesund war, habe ich mich meist mit einem kleinen Geschenk oder einer Einladung zum Eisessen revanchiert. Darüber haben sie sich dann riesig gefreut, und ich brauchte mir um die nächste Grippe keine Gedanken zu machen.

Wenn das Aupair Geburtstag hat ...

Wenn Ihr Aupair nicht nur für einen drei- oder sechsmonatigen Aufenthalt zu Besuch ist, dann wird es in der Zeit bei Ihnen auch seinen Geburtstag haben.

Es wäre schön, wenn Ihr Aupair zu diesem Zeitpunkt schon ein paar Freunde gefunden hätte, mit denen es an diesem Tag feiern kann. Andernfalls würde Ihr Aupair es Ihnen sicherlich danken, wenn Sie sich etwas Nettes zu diesem Anlaß einfallen ließen.

Wetter

Wolken

Mond

Sterne

Sonne

Regen

Wind

Sturm

Gewitter

Sonnenschein

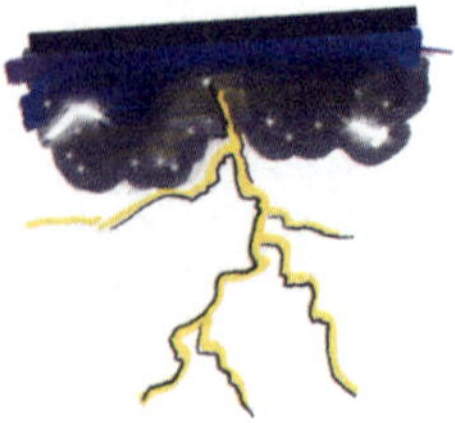

Schnee

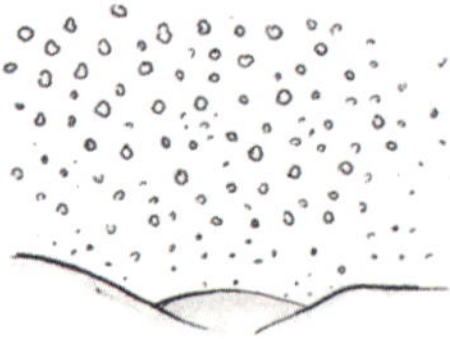

Tiere

Fisch

Elefant

Schmetterling

Hase

Spinne

Katze

Kuh

Vogel

Pferd

Hund

Vielleicht besteht die Möglichkeit, für den Abend des Tages einen Babysitter zu organisieren und mit dem Aupair gemütlich Essen zu gehen. Wenn nicht, dann unternehmen Sie irgend etwas Schönes mit dem Aupair. Gehen Sie zusammen Eis essen, oder in die Stadt zum Bummeln. Ihnen wird bestimmt etwas einfallen, was diesen Tag zu etwas Besonderem macht.

Wenn Ihr Aupair schon ein paar Freunde gefunden hat, können Sie auch bei entsprechendem Wetter eine kleine Grillparty organisieren.

Wenn die Familie verreisen möchte ...

Sicher möchten Sie auch mal für ein paar Tage verreisen. Üblicherweise nehmen die meisten Familien ihr Aupair mit in den Urlaub. Es bekommt die Urlaubskosten von der Familie bezahlt und hilft dafür etwas bei der Kinderbetreuung oder ähnlichem mit.

Die Urlaubsdauer wird von dem Urlaubsanspruch des Aupairs abgezogen. Es sollten aber während dieser Zeit vom Aupair wirklich nur einfache Dinge verlangt werden, damit ein wirklicher Erholungswert gegeben ist.

Sollten der Urlaub schon gebucht sein, bevor das Aupair ins Haus kam, dann besteht natürlich die Möglichkeit, dass das Aupair während der Ihrer Urlaubszeit, der Sie im Urlaub sind, alleine zu Hause bleibt. Wenn Sie dies nicht wünschen, unterbreiten Sie dem Aupair den Vorschlag, während Ihrer Abwesenheit bei Freunden zu übernachten oder ins Heimatland zu fahren, um dort Eltern oder Freunde bzw. Verwandte zu besuchen.

Hilfe, unser Aupair flirtet mit meinem Mann!

Bitte jetzt nicht erschrecken! Solch ein Extremfall tritt äußerst selten ein, aber mir ist ein solcher Fall in einer Familie bekannt. Machen Sie sich also ruhig vorher über diese Möglichkeit Gedanken. Sollten Ihre Familie ausgerechnet zu den wenigen zählen, bei

denen die oben genannte Situation eingetreten ist, so suchen Sie bitte sofort Ihre Aupairvermittlung auf und veranlassen Sie einen Familienwechsel für das Aupair. Ich kann ohnehin nur dazu raten, in keinem Fall ein Aupair aufzunehmen, wenn es vielleicht zu diesem Zeitpunkt gerade in Ihrer Beziehung kriseln sollte. Denn nur in einer nicht intakten Beziehung besteht die Möglichkeit, dass Ihr Partner versuchen könnte, mit dem Aupair zu flirten. Es ist für ein Aupair auch alles andere als schön, wenn es ständig mit den Partnerschaftsproblemen seiner Gastfamilie konfrontiert wird.

Ferner besteht natürlich auch die Gefahr, dass die Beziehungsprobleme während der Aufenthaltszeit des Aupair eskalieren und sich die Gasteltern schließlich trennen. In den meisten Fällen wird es dann so sein, dass sich ein Elternteil allein den finanziellen Aufwand für ein Aupair nicht leisten kann.

Besuch aus dem Heimatland

Irgendwann mal wir das Aupair mal anfragen, ob es Besuch aus seinem Heimatland einladen könne. Je nach Verhältnis zwischen ihnen, werden Sie zustimmen oder ablehnen. Ich selbst habe mit solchen Besuchen durchweg schlechte Erfahrungen gemacht.

Unser erstes Aupair hatte ihren Freund mit unserem Einverständnis auf zwei Wochen zu uns eingeladen, der ihr dann die ganze Zeit auf Schritt und Tritt folgte.Dazu kam, dass die beiden sich dann noch ständig stritten und unser vorher so tüchtiges Aupair, innerhalb kürzester Zeit mit ihren Nerven am Ende war.Ich weiß nicht wer sich mehr gefreut hat, als die zwei Wochen dem Ende zugingen – unser Aupair oder wir.

Stadt

Baum

Ampel

Verkehrs-
schild

Blume

Zebrastreifen

Bus

Auto

Hochhaus

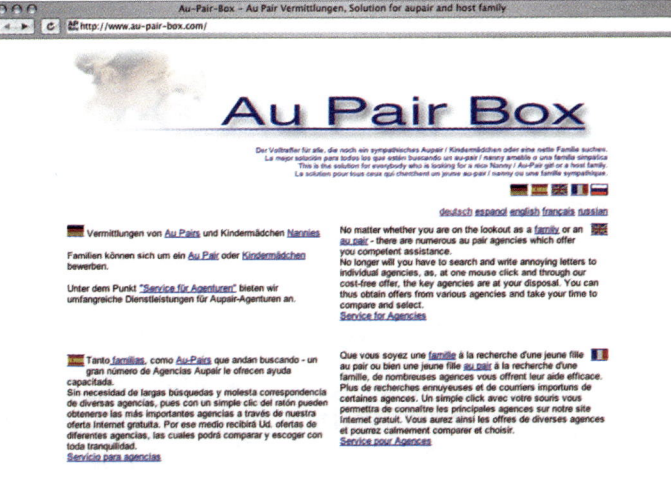

www.au-pair-box.com *Kostenloser Service für Gastfamilien*

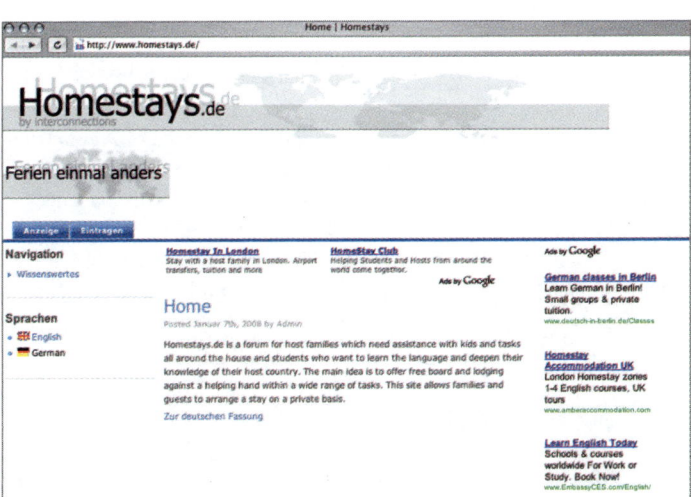

www.homestays.de *Schüleraufenthalte, Gastschüler, Sprachen lernen, Reisen*

Aupair und Autofahren

Hat das Aupair den Führerscheins und ausreichend Fahrpraxis und haben Sie sich von den Fahrkünsten soweit überzeugt, dass sie ihm ihr Auto anvertrauen, so wäre das nur vorteilhaft, denn so manch zeitraubende Dinge wie Einkäufe, Abholung vom Kindergarten, Sportverein usw. lassen sich nun delegieren.

Bevor ich unser Aupair alleine losgeschickt habe, bin ich erst eine Zeitlang als Beifahrer mitge-fahren, damit es sich eine ausreichende Ortskenntnis aneignen konnte.

Lassen sie sich auch in jedem Fall vorher die Fahr-erlaubnis zeigen, um keine böse Überraschung zu erle-ben.

Eigenes Handy fürs Aupair

Meiner Meinung ist es sinnvoll, den neuen Familienmitglied ein Handy zu Verfügung zu stellen, denn zum einem ist das Aupair nun auch in Notfällen immer erreichbar und zum anderen können auch die Freunde des Aupair auf dem Handy anrufen, so daß die Familie nicht gestört wird.

Wiederaufladbare Karten sind von Vorteil, weil weder ein fester Vertrag abzuschließen ist, noch die Kosten entgleiten können.

Aupair und Alkohol

Es ist wahrscheinlich, dass Ihr Aupair gelegentlich – am Wochen-ende – wenn es ausgeht usw., etwas Alkoholische zu sich nimmt. Solange sich das in Maßen hält und die Arbeit nicht darunter leidet, ist wohl nichts dagegen einzuwenden.

Ist allerdings überhöhter und regelmäßiger Konsum festzustellen, so sollte das zur Sprache gebracht werden.

Tritt daraufhin keine Besserung ein, hilft auch hier nur der Gang zur Aupair Vermittlung.

Was passiert mit dem Aupair, wenn die Familie sich trennt?

Meist verhält es sich so, dass sich ein Elternteil allein sich kaum ein Aupair leisten kann, denn es dauert ja eine Weile, bis die neue Situation im Griff ist und auch die Finanzen geordnet sind.

In diesem Fall ist ein Gespräch mit der Agentur das beste, um eine vernünftige Lösung zu suchen.

Man wird sich dort um eine neue Familie für das Aupair bemühen.

Sollte es vom Finanziellen her keine Probleme geben, so spricht nichts dagegen, dass ein Aupair auch bei einem alleinerziehenden Elternteil bleibt.

Kann mein Aupair auch länger als ein Jahr bei uns bleiben?

Wenn das Verhältnis zwischen der Familie und dem Aupair gut ist, entsteht oft der Wunsch, den Aupair-Aufenthalt um ein paar Monate zu verlängern. Das ist aber leider nicht möglich, da befürchtet wird, dass damit unerwünschter Einwanderung Vorschub geleistet wird. Das Aupair hat nach Ablauf eines Jahres, wieder in sein Heimatland zurückzukehren. Das ist u.a. auch deshalb so, damit auch andere junge Menschen die Chance zu einem Aupair-Aufenthalt in Deutschland bekommen.

Es ist aber möglich, daß ein Ex-Aupair als Sprachschülerin an einem Sprachinstitut eingeschrieben ist und im Land bleiben kann. Dabei ist eine gewisse Stundenzahl vorgeschrieben, was die Ange-legenheit teuer werden und dem Ex-Aupair wenig Zeit läßt. Studenten bzw. Sprachschüler dürfen teils auch arbeiten, aber das wäre besser mit den Behörden abzuklären.

Der Abschied naht ...

Es ist kaum zu glauben, wie schnell ein Jahr vorüber geht. Gerade wenn ein herzliches Verhältnis zu Ihrem Aupair bestand, wird es Ihnen vorkommen, als ob die Zeit im Flug vergangen sei.

Wer nach Abreise des Aupair eine Nachfolgerein bei sich aufnehmen möchte, sollte sich frühzeitig darum kümmern. Aber bedenken Sie, dass zwischen der Abreise des „alten" Aupair und der Anreise des „neuen" Aupair, ein paar Tage vergehen sollten.

Üblicherweise brauchen vor allem die Kinder etwas Zeit, um die Trennung zu überwinden. Das Aupair verbringt meist sehr viel Zeit mit der Kinderbetreuung, so daß oft ein schon recht inniges Verhältnis entsteht.

Erklären Sie Ihren Kindern genau, warum das Aupair nun die Familie verläßt. Ich habe es schon erlebt, dass die Kinder glaubten, sie seien Schuld an der Abreise des Aupairs und immer wieder beteuerten, doch jetzt lieb sein und keinen Unsinn mehr machen zu wollen. Die Mutter hatte wohl ein paar Monate vorher einmal gegenüber ihren Kindern verlauten lassen, dass das Aupair sich sicherlich bald eine andere Familie suchen werde, wenn sie weiterhin so frech benähmen. Dieser Satz, von der Mutter nur so dahin gesagt, war den Kindern im Gedächtnis geblieben und sorgte nun für ein großes Missverständnis.

Sie sollten Ihre Kinder etwa zwei Wochen vor der geplanten Abreise langsam darauf vorbereiten, dass das Aupair sie bald verlassen wird.

Kinder brauchen viel Zeit zum Abschiednehmen. Vielleicht bleiben Sie ja mit Ihrem Aupair in Kontakt. Es kommt häufig vor, dass das Aupair seine ehemalige Familie immer wieder mal besucht. Manche Familien machen auch Urlaub in dem Herkunftsland des Aupair und verbinden dies mit einem Besuch.

Teil II

Aupair Ratgeber für Familien

Nun möchte ich anhand einiger Erfahrungsberichte Beispiele aufzeigen, wie sich die Aufnahme eines Aupair vonstatten gehen kann. Zum Teil entstammen sie eigener Erfahrung, teils wurden sie mir von anderen Familien berichtet. Da ich diese Familien und ihre Aupairs aber alle persönlich kenne, weiß ich, dass es sich auch wirklich so zugetragen hat.

Bedenken Sie aber bitte, die nachfolgend aufgeführten Erfahrungsberichte sind lediglich einige von vielen Möglichkeiten, die aufzeigen, wie das Zusammenleben mit einem Aupair ablaufen kann.

Jede Aupair-Aufnahme verläuft individuell, da in jeder Familie andere Voraussetzungen und Besonderheiten anzutreffen sind und jedes Aupair anders ist. Dennoch mag es hilfreich sein, schon einmal zu wissen, wie die Eingliederung bei anderen Familien verlaufen war. Gerade, wenn man noch gar keine Erfahrung auf diesem Gebiet sammeln konnte, gewähren Erfahrungsberichte einen guten ersten Einblick in das Geschehen.

Weitere Erfahrungsberichte liegen im Forum der *Au-Pair-Box* bei *www.au-pair-box.com/forum*

Und nun viel Spaß beim Lesen!

Erster Erfahrungsbericht

Als ich einen Schluck von meinem Kaffee trinken wollte, bemerkte ich, wie aufgeregt ich war. Meine Hand zitterte beträchtlich. Völliger Blödsinn, sagte ich zu mir. Ich hatte ja heute schließlich keine Prüfung abzulegen. Es war lediglich der Tag, an dem unser erstes Aupair eintreffen sollte.

Ich ging noch einmal in das Zimmer, welches für unser Aupair vorgesehen war. Ein letzter prüfender Blick. War es gemütlich genug eingerichtet? Schließlich sollte Evelina (so der Name des Mädchens) sich auch wohl fühlen.

Das Bett war mit einer fröhlichen bunten Bettwäsche bezogen, auf der Fensterbank standen einige Grünpflanzen, und auf dem Tisch lag eine Schachtel Pralinen, als Willkommensgeschenk.

Ich muss eine ganze Weile in Gedanken versunken gewesen sein, denn ein Blick auf die Uhr sagte mir, dass es höchste Zeit war, mich auf den Weg zum Bahnhof zu machen. Meine elfjährige Tochter Sandra war noch in der Schule, und unseren dreijährigen Sohn Sascha hatte ich bis zum Mittag bei seiner Patentante untergebracht. Noch schnell ein Blick in den Spiegel, und dann konnte es losgehen.

Auf dem Weg zum Bahnhof schwirrten mir tausend Gedanken durch den Kopf. Was ist, wenn sie nicht nett ist oder wenn die Kinder sie nicht mögen? Werde ich mich überhaupt schon mit ihr unterhalten können? Vorsichtshalber hatte ich schon mal ein Deutsch-Polnisches Wörterbuch eingesteckt. Bevor ich mir noch weitere Gedanken machen konnte, bog ich schon auf den großen Parkplatz vor dem Bahnhof ein und kramte gleich noch einmal den Zettel aus meiner Handtasche hervor, auf dem ich mir die genaue Ankunftszeit und den Bahnsteig notiert hatte.

Langsam spürte ich, wie die Nervosität von mir abfiel. Tausende von Familien haben schließlich auch ein Aupair, was soll also die ganze Aufregung, fragte ich mich.

Dann suchte ich den Bahnsteig. Ich musste gar nicht lange warten, denn der Zug fuhr schon ein. Ich rief mir noch einmal das Bild in Erinnerung, was Evelina uns geschickt hatte. Strahlend blaue und freundlich blickende Augen und lange, leicht gewellte, mittelblonde Haare.

In diesem Moment stieg jemand aus dem Zug, der diesem Bild sehr ähnlich sah. Ich überlegte noch, ob ich auf sie zugehen sollte, da steuerte Evelina auch schon direkt auf mich zu. In der Hand das Foto von unserer Familie, das ich ihr geschickt hatte. Sie lächelte mich an und streckte mir ihre Hand entgegen. „Hallo, ich bin Evelina und Sie müssen Andrea sein", sagte Sie in gut verständlichem Deutsch. „So ist es", sagte ich. „Herzlich Willkommen".

Es herrschte einen Moment lang Schweigen. Ich nahm ihr einen Koffer ab und wir machten uns auf den Weg zum Parkplatz. Das Schweigen dauerte nicht lange an, denn unterwegs stellte mir Evelina schon einige Fragen zu unserem Dorf. Ich verstand nicht alles auf Anhieb, doch im großen und ganzen waren die Verständigungsschwierigkeiten gar nicht so schlimm, wie befürchtet. Die Zeit während der Heimfahrt verging wie im Flug. Zu Hause angekommen, zeigte ich ihr erst einmal das Haus und führte sie anschließend in ihr Zimmer. Evelina schien ihr neues Domizil von Anfang an zu gefallen. Ich ließ sie dann erst einmal alleine und sagte ihr, sie möge sich ruhig erst von der langen Bahnreise ausruhen, bevor sie nach unten käme. Als ich dann in der Küche saß und in Ruhe noch einen Kaffee trank, spürte ich eine große Erleichterung. Evelina machte wirklich einen sehr netten, sympathischen Eindruck. So wie ich meine Kinder und meinen Mann Frank einschätzte, würden sie genauso denken.

Gegen Mittag machte ich mich dann mit Evelina zusammen auf den Weg, um Sascha bei seiner Patentante abzuholen. Er schaute Evelina erst einmal skeptisch an und verhielt sich sehr zurückhaltend. Aber das war bei ihm ganz normal. Sascha ist kein Kind, das mit jedem Menschen gleich Freundschaft schließt.

Wieder zu Hause angekommen, begrüßte uns Sandra schon an der Tür. Sie war in dieser Hinsicht schon etwas offener. Sandra hatte keine Probleme damit, auf völlig fremde Menschen zuzugehen. Während Evelina schon etwas mit den Kindern plauderte, wärmte ich das vorbereitete Mittagessen auf. Wir saßen dann in fröhlicher Runde um den Küchentisch und nahmen gemütlich unser Mittagessen ein. Also, so einfach hatte ich mir das wirklich nicht vorgestellt. Ich hoffte inständig, dass dies auch so bleiben möge. Aber der erste Eindruck ist bekanntlich auch meist der ausschlaggebende.

Nach dem Mittagessen bot ich ihr an, in ihr Zimmer zu gehen, um sich noch etwas auszuruhen. Aber Evelina war wohl viel zu neugierig auf ihren neuen Wohnort und wollte lieber etwas spazierengehen. Ich begleitete sie mit den Kindern und zeigte ihr dabei auch gleich die wichtigsten Dinge in unserem kleinen Ort. Wir gingen zum Kindergarten und zum Spielplatz, und auf dem Rückweg zeigte ich ihr noch, wo ich immer unsere Einkäufe tätige und wo sich unser Hausarzt befand. Während unserer Ortsbesichtigung versuchte Evelina auch immer wieder, mit den Kindern ins Gespräch zu kommen, was auch meist gelang. Das gefiel mir sehr gut. Spätnachmittags machten wir uns wieder auf den Heimweg. Es würde nicht mehr lange dauern, bis Frank nach Hause kommen würde. Er war auch schon sehr gespannt auf unser erstes Aupair. Während ich mich an die Vorbereitungen für das Abendessen machte, ließ sich Evelina von den Kindern ihr Zimmer zeigen.

Erwartungsgemäß kehrte Frank dann auch etwas früher von unserer Firma zurück. Er leistete mir erst einmal in der Küche Gesellschaft und ließ mich Bericht erstatten.

Als ich mit meinen Erzählungen am Ende war, ging er nach oben, um die Kinder und Evelina zu begrüßen. Auch er zeigte sich über ihre ausgezeichneten Deutschkenntnisse überrascht.

Beim Abendessen verhielt es sich ähnlich wie auch schon beim Mittagessen. Wir unterhielten uns angeregt, und es wurde sehr gemütlich. Die Kinder fragten Evelina Löcher in den Bauch, über ihr Leben in Polen, und sie gab bereitwillig Auskunft. Es herrschte schon etwas Vertrautheit. Am Abend, als die Kinder in ihren Betten lagen und Evelina sich in ihr Zimmer zurückgezogen hatte, machten Frank und ich es uns im Wohnzimmer bequem. Wie vorausgesehen, fand auch Frank unser neues Aupair äußerst sympathisch.

Als ich am nächsten Morgen in die Küche kam, war Evelina bereits aufgestanden. Sie wusste nicht genau, wann sie morgens aufstehen solle, erklärte sie mir auf meine Frage, warum sie sich nicht ausgeschlafen habe. Da fiel mir wieder die Liste ein, die ich für Evelina vorbereitet hatte. Ich hatte mir in Ruhe alle Punkte notiert, die für Evelina von Wichtigkeit sein würden. In der ersten Aufregung des gestrigen Tages hatte ich vergessen, sie ihr auszuhändigen. Ich holte das Versäumte gleich nach. Evelina war überrascht, diese Liste in ihrer Muttersprache abgefasst zu sehen. Ich hatte mir von der polnischen Nachbarin, meiner Freundin, alles übersetzen lassen, da ich damit gerechnet hatte, dass unser erstes Aupair noch über keine allzu guten Deutschkenntnisse verfügen würde.

Nach dem Frühstück brachten Evelina und ich Sascha in den Kindergarten. Ich machte unser Aupair mit den Kindergärtnerinnen bekannt und unterschrieb eine Vollmacht, die Evelina dazu berechtigte, in Zukunft Sascha vom Kindergarten abzuholen.

Wieder zu Hause angekommen, machten wir uns gemeinsam über den Haushalt her. Während ich die Betten machte, schnappte sich Evelina den Staubsauger und saugte alles gründlich durch. Nach Erledigung aller Arbeiten setzten wir uns noch etwas in der Küche zusammen. Wir unterhielten uns darüber, ob Evelina beabsichtigte, einen Sprachkurs zu besuchen. Nachdem sie das bejahte, rief ich gleich in der nächstgelegenen Volkshochschule an und vereinbarte einen Termin. Evelina freute sich schon auf die Schule, da sich dabei auch die Gelegenheit bot, andere Aupairs kennenzulernen. Ich versprach ihr auch, bei der Aupairvermittlung anzurufen und mir dort Telefonnummern von Aupairs in unserer Nähe geben zu lassen. Sie wollte natürlich so schnell wie möglich andere Leute ihres Alters kennenlernen.

Nachdem die Kinder wieder zu Hause waren, versuchte Evelina sofort wieder Kontakt zu ihnen aufzunehmen. Sie war um die Kinder wirklich sehr bemüht. Ich fand das sehr positiv, da sie auch in erster Linie für die Kinder zuständig sein sollte. Die Hausarbeit wollte ich im großen und ganzen auch weiterhin alleine machen. Wenn Evelina mal die Spülmaschine ein -und ausräumen, oder in den Kinderzimmern auf etwas Ordnung achten würde, war ich damit schon zufrieden.

Nachmittags besuchte ich mit Evelina und den Kindern meine Freundin Sina. Ich wollte in der Woche, die ich mir von unserer Firma freigenommen hatte, gerne so viel wie möglich mit Evelina unternehmen, damit sie sich bei uns nicht mehr so fremd vorkam. Es war mir auch wichtig, dass sie schon mal ein paar unserer Freunde und Bekannte kennenlernte. Dank ihrer offenen Art kam sie auch schnell mit meiner Freundin ins Gespräch. Sina bot ihr an, jederzeit bei ihr anrufen zu können, falls sie einmal vor einem Problem stehe und mich nicht erreichen könne. Dieses Angebot verlieh mir ein gutes Gefühl.

Abends wieder zu Hause, half mir Evelina noch die Kinder zu Bett zu bringen. Als sie dann später mit Frank und mir noch etwas zusammensaß, erzählte sie uns noch etwas über ihr Leben in Polen. Dort war die Arbeitslosigkeit wohl arg hoch, und sie sah dort kaum eine Perspektive für sich. Deshalb war es ihr wichtig, die deutsche Sprache perfekt zu beherrschen, um bessere berufliche Chancen zu haben.

Am nächsten Tag sollte Evelina zum ersten Mal alleine mit Sascha zum Kindergarten gehen. Wenn ich in der nächsten Woche wieder arbeiten würde, sollte dies zu ihren täglichen Aufgaben gehören. Sascha sträubte sich etwas. Besser gesagt, er schrie alles zusammen. Das hatte ich vorausgesehen, da er es bisher gewohnt war, von mir oder Jörg begleitet zu werden. Aber es half nichts. Durch diese Schwierigkeiten mussten wir durch. Evelina redete ihm gut zu. Schluchzend gab er dann schließlich nach und ließ sich von Evelina an der Hand nehmen.

Ich nahm mir vor, nach Evelinas Rückkehr im Kindergarten anzurufen und mich nach Sascha zu erkundigen. Man beruhigte mich aber, es war alles in bester Ordnung. Das war auch genau das, was Evelina mir berichtet hatte. Sie erzählte mir, dass Sascha schon nach einigen Metern angefangen hätte, fröhlich davon zu erzählen, was er im Kindergarten so alles machen werde. Das stimmte mich sehr erleichtert, da ich schon Schlimmeres befürchtet hatte.

Sascha war sehr auf Frank und mich fixiert. Das kam wohl daher, dass er ein Nachzügler war und dementsprechend von uns verwöhnt wurde.

Am Nachmittag hatten wir dann den Termin bei der Volkshochschule. Ich hatte Evelina davon in Kenntnis gesetzt, dass dort einen kleiner Test abzulegen sei, um ihre Deutschkenntnisse zu prüfen. Sie war darauf hin sehr aufgeregt. Es waren schon sehr

viele neue Dinge, die im Moment auf sie zukamen. Die Berate-
rinnen der Volkshochschule waren sehr nett und erklärten alles
ganz genau. Der kleine Test dauerte nur wenige Minuten. Zum
Abschluss wurde Evelina dann in einen Deutschkurs eingestuft,
der ihren Kenntnissen entsprach. Sie würde nun in Zukunft zweimal wöchentlich zwei Stunden die Schule besuchen. Wir hatten
uns darauf geeinigt, dass sie einen Abendkurs belegt, damit ich
die ganze Woche morgens ins Büro fahren konnte.

Nachdem wir alles erledigt hatten, gingen wir noch zusammen
ein Eis essen. Auf dem Rückweg besorgte ich dann noch einen
Busfahrplan. Ich suchte mit ihr zu Hause eine zu den Unterrichts-
zeiten passende Busverbindung heraus.

Sandra fand es toll, dass Evelina nun auch die Schule besuchen
würde. Nun können wir uns gegenseitig bei den Hausaufgaben
helfen, freute sie sich.

Am Abend klingelte das Telefon und eine mir unbekannte Frau
war am Apparat. Sie erzählte mir, dass sie meine Telefonnummer
von ihrer Aupairvermittlung bekommen hätte. Ihr erstes Aupair
sei vor einer Woche angekommen und wolle nun gerne mit unserem Aupair in Kontakt treten. Wir plauderten eine ganze Weile
und tauschten unsere ersten Eindrücke aus. Ihr Aupair kam auch
aus Polen und hatte aber im Gegensatz zu Evelina, einige
Schwierigkeiten mit den vielen Umstellungen, die ein Aupair-
Aufenthalt mit sich bringt. Aber das war wohl, nach nur einer
Woche Aufenthalt, ganz normal. Evelina schien da schon ein
richtiger Glücksfall zu sein. Nachdem wir uns ausgetauscht hatten, gaben wir die Hörer an die Aupairs weiter, die sich dann
ganz angeregt in ihrer Landessprache unterhielten. Als sie dann
das Gespräch beendet hatten, erzählte mir Evelina fröhlich, dass
sie sich für den nächsten Abend verabredet hätten. Die andere
Familie wohnte nur zwei Ortschaften entfernt, so dass sie mit
dem Bus dorthin fahren konnte.

Janina (so der Name des anderen Aupair), leide unter heftigem Heimweh, berichtete Evelina. Ich fragte sie, ob sie damit keine Probleme hätte. Evelina sah mich ganz erstaunt an.„Nein", sagte sie, „Ich fühle mich hier sehr wohl". Sie erklärte mir, dass sie sich lange genug vorher damit auseinander gesetzt hatte, als sie den Entschluss fasste, für ein Jahr als Aupair ins Ausland zu gehen.

Die nächsten Tage verliefen sehr ruhig. Ich machte Evelina noch mit allem vertraut, was für sie wichtig war, wenn ich wieder arbeiten gehen würde.

Der Tag, an dem Evelina, wenn auch nur für einige Stunden täglich, mit den Kindern auf sich allein gestellt sein würde, rückte immer näher. Frank war schon ganz verzweifelt, weil ihm die Büroarbeit über den Kopf wuchs. Er berichtetet mir von Stapeln von Post auf meinem Schreibtisch und einem Haufen Korrespondenz, die zu erledigen sei. Evelina war der Meinung, ohne Probleme und allein mit den Kindern auskommen zu können.

Am Wochenende unternahmen wir alle zusammen einen Ausflug in den nahegelegen Zoo. Wir waren mit den Kindern schon öfter dort gewesen, und sie erzählten unserem Aupair aufgeregt, was es dort alles für Tiere gab. Evelina liebte Tiere über alles. Sie war bei ihrer Ankunft schon etwas enttäuscht darüber, dass es in unserem Haus keine Tiere gab. Wir waren eigentlich auch sehr tierlieb, aber da Sandra zu Allergien neigte, hatten wir uns dazu entschlossen, auf die Anschaffung eines Haustieres zu verzichten. Es wäre zu grausam gewesen, wenn die Kinder sich schon an ein Tier gewöhnt hätten und wir es dann wieder hätten abschaffen müssen.

Es wurde ein sehr schöner Tag. Zum Abschluss kehren wir dann noch beim Italiener bei uns um die Ecke ein und ließen den Tag bei einer Pizza ausklingen.

Als Frank und ich dann abends alleine waren, unterhielten wir uns darüber, dass alles erstaunlich gut lief. Wir hatten uns vor dem Entschluss, ein Aupair bei uns aufzunehmen, wirklich viele Gedanken gemacht. Das es aber auch anders laufen konnte, hatte mir ja die Gastmutter von Janina erzählt. Nachdem Evelina sich mit ihr getroffen hatte, berichtete sie uns, dass Janina immer noch unter Heimweh leide und bereits ernsthaft an Heimkehr denke. Wir hofften, uns würde so etwas erspart bleiben. Bei Evelina brauchten wir uns da wohl wenig Gedanken zu machen. Sie hatte sich erstaunlich schnell in unsere Familie und unser Leben integriert. Es stand für uns aber schon fest, dass wir nach Evelina, ein weiteres Aupair bei uns aufnehmen würden. Frank und ich waren beide sehr in unserer Firma engagiert. Ich arbeitete dort zwar nur halbtags, aber unser Haushalt musste ja auch noch erledigt werden. Dadurch kamen die Kinder dann oft zu kurz.

Durch unser Aupair hatten wir dann mehr Zeit für unsere Kinder. Ich konnte nun in Zukunft etwas früher zur Arbeit fahren, da ich nicht mehr warten musste, bis Sandra in der Schule war und ich Sascha zum Kindergarten bringen konnte. Dadurch würde ich nun auch etwas früher zu Hause sein.

Das Wochenende war flugs vorüber, und schneller als mir lieb war, kam der Montagmorgen. Evelina war pünktlich aufgestanden und half mir beim Decken des Frühstückstischs. Ich gab ihr nochmals letzte Anweisungen und machte mich nach dem Frühstück mit gemischten Gefühlen auf den Weg zur Arbeit. Ich hatte sie gebeten, mich sofort bei etwaigen Problemen anzurufen, aber Evelina lachte nur. Sie hatte nicht die geringsten Zweifel, mit ihren Aufgaben zurechtzukommen.

Während ich mich in der Firma an die liegengebliebene Post machte, rechnete ich damit, nun gleich das Telefon klingeln zu hören. Aber von wegen! Sascha hatte gar nicht richtig mitbekommen, dass ich das Haus verlassen hatte. Ein Anruf von Evelina blieb aus. Sollte ich doch so leicht ersetzbar sein? Als ich mit Frank über meine Gedankengänge sprach, wurde er etwas ärgerlich. Ich solle doch froh sein, dass alles so gut laufe, sagte er. Sicher, damit hatte er ja recht. Aber der Gedanke, dass meine Kinder mich nicht vermissen könnten, beunruhigte mich doch sehr. Schließlich war ich doch ein paar Jahre fast alleine für die Kinder zuständig gewesen. Frank ging morgens sehr früh aus dem Haus und kam meist erst nach Hause, wenn die Kinder schon lange im Bett lagen. Das ist einer der Nachteile, wenn man selbständig ist. Man hat fast nie einen geregelten Feierabend.

Als ich mittags nach Hause kam, saß Sandra über den Hausaufgaben und Sascha schaute mit Evelina Fernsehen. Die Begrüßung zwischen mir und Sascha fiel stürmisch aus. Hatte ich mir am Morgen noch darüber Gedanken gemacht, dass meine Kinder mich nicht vermissen würden, so wurde ich nun eines Besseren belehrt. Evelina erzählte mir, dass Sascha zwar etwas geweint habe, als er bemerkte, dass seine Mama nicht zu Hause war, aber sie hätte ihn verhältnismäßig rasch beruhigen können.

Ich nahm Evelina kurz für ein Gespräch zur Seite und erklärte ihr, dass ich es nicht mochte, wenn die Kinder mittags schon vor dem Fernsehen sitzen würden. Das war ausschließlich für Schlechtwettertage vorbehalten.

Unter großem Protest von Sascha schaltete ich den Fernseher aus. Erst als Evelina ihm den Vorschlag machte, mit ihm nach draußen zu gehen, um mit ihm Fußball zu spielen, beruhigte er sich. Unser Aupair hatte in der Zeit, in der es alleine war, schon einiges im Haushalt erledigt. Ich hatte Evelina eigentlich nur darum gebeten, alle Betten zu machen und die Spülmaschine einzuräumen. Wie ich aber sehen konnte, hatte sie noch gesaugt und etwas Wäsche gebügelt. Ich freute mich darüber sehr, da ich mir das leidige Bügeln schon für den Nachmittag vorgenommen hatte. Im Stillen beglückwünschte ich mich noch einmal zu meinen Entschluß zur Aufnahme eines Aupairs. Sicher war es gerade am Anfang eine ziemliche Umstellung und gewöhnungsbedürftig, von jetzt auf gleich mit einem zuerst völlig fremden Menschen unter einem Dach zu leben, aber es war auch sehr schön, nicht mehr nur alleine für den Haushalt und die Kinder zuständig zu sein. Wenn ich wollte, könnte ich z.B. heute Mittag zum Friseur gehen, ohne erst lang herumtelefonieren zu müssen, wer in dieser Zeit meine Kinder betreuen würde. Das war doch ein gutes Gefühl.

Evelina schien sich auch wirklich bei uns wohl zu fühlen. Sie kam ausgezeichnet mit den Kindern zurecht und auch mit Frank und mir. Die Schule besuchte sie mit Begeisterung. Dort hatte sie schon ein paar andere Aupairs kennengelernt und wollte am Wochenende mit ihnen und Janina in eine Diskothek gehen.

Janina schien es nun auch etwas besser zu gehen. Sie und Evelina, hatten sich schon zweimal getroffen und telefonierten fast täglich. Auf unsere Telefonrechnung war ich höchst gespannt. Aber meist telefonierten sie erst gegen Abend, wenn die Gespräche dann ohnehin billiger waren. Ich hatte mit Evelina einen Freibetrag von 15 € monatlich abgesprochen. Sollte sie diese Grenze stark überschreiten, würde ich ein ernsthaftes Gespräch mit ihr führen müssen.

Die nächsten Monate verliefen ohne Zwischenfälle, davon einmal abgesehen, dass bei Sascha natürlich doch die ein oder andere Träne floss, wenn ich zur Arbeit oder ohne ihn zum Einkaufen ging. Evelina verstand es aber immer, ihn in diesen Fällen abzulenken und zu trösten.

Evelina hatte sich überhaupt bestens eingelebt. Mit den Aupairs, die sie in ihrer Schule kennengelernt hatte, traf sie sich jetzt regelmäßig, und auch Janina war zu ihrer besten Freundin geworden. Dadurch hatten wir jetzt auch wieder ein bisschen mehr

Privatleben, da Evelina nun auch öfter mal unterwegs war. Ich hatte einen Kalender angelegt, auf dem jeder seine Termine und Verabredungen eintragen konnte, damit es diesbezüglich keine Überschneidungen gab. Lediglich einmal kam es vor, dass wir auf einen Geburtstag wollten und Evelina zu einer Party eingeladen war. Wir engagierten darauf hin unseren alten Babysitter und konnten so beidem gerecht werden.

So langsam wurde es jetzt Zeit, sich um ein Nachfolge-Aupair für Evelina zu kümmern. Es wurde uns allen schwer ums Herz, wenn wir daran dachten, dass unsere gemeinsame Zeit nun bald vorüber sein würde. Ich hatte mir gerade zu Anfang über alles mögliche Gedanken gemacht, aber dabei völlig außer acht gelassen, dass so ein Jahr doch schnell vorbei geht und es dann heißt, Abschied zu nehmen. Am meisten taten mir unsere Kinder leid. Sie hatten Evelina so lieb gewonnen, dass sie bestimmt einige Zeit um sie trauern würden. Ich konnte nur hoffen, unser nächstes Aupair würde auch so gut zu uns passen. Auch Evelina fühlte sich hin und her gerissen. Auf der einen Seite freute sie sich natürlich darauf, ihre Familie und Freunde zu sehen, aber andererseits hatte sie auch hier einige Freunde gefunden. Was sie etwas tröstete, war die Tatsache, dass Janinas Zeit auch abgelaufen war und sie beide zusammen zurückfahren würden. Sie hatten festgestellt, in Polen gar nicht weit voneinander entfernt zu wohnen und konnten so ihre Freundschaft aufrecht erhalten. Als Frank, Evelina und ich wieder einmal abends zusammensaßen und über ihre baldige Abreise redeten, fragte sie uns, ob sie uns denn auch einmal besuchen könne. Wir sagten ihr darauf hin, dass sie bei uns jederzeit willkommen sei und wir uns über einen baldigen Besuch sehr freuen würden. Dieser Gedanke tröstete uns alle etwas, da wir nicht davon auszugehen war, dass es ein Abschied für immer werden würde.

Als dann der Rückkehrtermin von Evelina feststand, bereiteten wir die Kinder langsam darauf vor. Sascha verstand noch nicht so richtig, was wir ihm erklären wollten, aber Sandra fing fürchterlich an zu weinen. Auch die Aussicht auf ein neues Aupair konnte sie nicht so recht beruhigen. Wir hatten zu unserem neuen Aupair schon brieflichen Kontakt aufgenommen und zeigten Sandra das Foto. Zuerst wollte sie es gar nicht sehen, aber dann siegte doch die Neugierde. Na ja, immerhin sieht sie ja ganz nett aus, war ihr einziger Kommentar dazu.

Schneller als uns allen lieb war, kam der Tag der Abreise. Am Frühstückstisch waren alle sehr bedrückt. Uns war in dem Moment zum Heulen zumute. Frank war heute ausnahmsweise nicht zur Arbeit gefahren, um mich mit den Kindern begleiten und Evelina zum Bahnhof bringen zu können. Die Kinder hatten darauf bestanden, mitzukommen. Obwohl es mir wesentlich lieber gewesen wäre, wenn sie zu Hause geblieben wären. Aber wir wollten ihren den Wunsch respektieren und beschlossen, noch etwas in der Stadt nach der Abfahrt von Evelinas Zug bummeln zu gehen. Wir hofften dadurch, auch die Kinder etwas von ihrem ersten Trennungsschmerz abzulenken.

Als wir dann auf dem Bahnsteig standen, musste ich wieder daran denken, wie ich vor einem Jahr voller Ängste hier stand. Und in zwei Tagen würde ich wieder hier stehen. Dann sollte nämlich unser neues Aupair ankommen. Doch diesmal würde ich nicht so aufgeregt sein. Wir sahen dem abfahrenden Zug noch lange nach. Als wir auf dem Weg zu unserem Auto waren, fiel mir ein, dass unbedingt noch Pralinen zu besorgen waren. Als Willkommensgeschenk ...

Zweiter Erfahrungsbericht

Der Telefonanruf kam völlig unerwartet. Vor drei Tagen war ich erst bei der Aupairvermittlung gewesen und hatte mir ein Aupair ausgesucht. Die Vermittlerin hatte mir erklärt, mit rund zwei Monaten Wartezeit zur Erledigung aller Formalitäten und bis zum Eintreffen unseres ersten Aupair rechnen zu müssen. Und nun bot sie mir an, ein Aupair bei mir aufzunehmen, das die Familie wechseln wollte, weil es dort nicht zurechtkam. Die Bewerbung des Mädchens würde sie mir faxen, damit ich mich in Ruhe entscheiden konnte und auch schon etwas an Informationen hätte. Nach dem Gespräch wirrten mir tausend Gedanken durch meinen Kopf. Es war das erste Mal, dass wir ein Aupair bei uns aufnehmen wollten, und ich hatte auf diesem Gebiet noch keinerlei Erfahrung. Da ich vor kurzem unser drittes Kind zur Welt gebracht hatte, konnte ich etwas Entlastung dringend gebrauchen.

Ich wartete ungeduldig auf das Fax. Gott sei dank waren die Größeren in Schule und Kindergarten und unser süßes Baby Celine schlief tief und fest. So konnte ich mir in Ruhe den Bewerbungsbogen von Eva (so der Name des Aupair) durchlesen. Sie war 23 Jahre alt und kam aus Tschechien. Als erstes sah ich nach, was bei der Frage „Sind Sie tierlieb" angekreuzt war. Sollte dort ein „Nein" stehen, brauchte ich gar nicht weiter zu lesen, denn wir hatten einen kleinen Pudel. Jemand der Angst vor Hunden hatte, wäre also fehl am Platz gewesen. Das schien bei Eva aber nicht der Fall zu sein. Sie hatte nämlich bei „Ja" ihr Kreuzchen gemacht.

Während ich mir alles genau anschaute, fiel mir ein, ganz die Frage vergessen zu haben, warum es in der bisherigen Familie nicht geklappt hatte und rief folglich in der Agentur an, um das

Versäumte nachzuholen. Die Agenturinhaberin erzählte mir, mangelnde Deutschkenntnisse seien als Grund angegeben gewesen. Da ich ihr bei meinem Besuch in der Vermittlung erzählt hatte, dass mir das nicht so wichtig sei, habe sie sofort an mich gedacht. Gut, somit war auch diese Frage beantwortet. Wegen der mangelnden Sprachkenntnisse sah ich wirklich kein Problem. Schließlich kamen diese Mädchen ja nach Deutschland um unsere Sprache zu erlernen. Da ich sowieso die meiste Zeit zu Hause sein würde, war das für mich kein Hinderungsgrund. Die Vermittlerin war anscheinend sehr froh darüber, das Problem so schnell gelöst zu haben. Sie gab mir die Telefonnummer der derzeitigen Gastfamilie, um dort alles weitere zu klären.

Die Gastmutter war mir von Anfang an nicht sonderlich sympathisch. Sie redete ohne Punkt und Komma. Als ich es dann nach einer Weile endlich schaffte, auch einmal zu Wort zu kommen und bat, mir doch einmal das Mädchen an das Telefon zu holen, meinte sie, es sei doch sowieso sinnlos, da sie mich doch nicht verstehen könne. Ich bestand aber darauf, mit Eva zu sprechen. Die Verständigung war wirklich sehr schlecht, aber immerhin konnte ich ihr begreiflich machen, dass ich sie in den nächsten Tagen abholen würde.

Als ich die Gastmutter dann wieder am Apparat hatte, war ihre erste Frage, wann ich Eva denn holen würde. Ich hatte den Eindruck, es wäre ihr am liebsten gewesen, wenn sie noch am selben Tag hätte abholen können.

Ich erklärte ihr, auf so ein schnelles Eintreffen meines Aupair nicht eingerichtet zu sein, da ich erst vor drei Tagen bei der Agentur zu einem Gespräch war. Ich musste erst das zukünftige Zimmer von Eva noch etwas gemütlich herrichten und machte daher mit ihr aus, das Mädchen in zwei Tagen abholen zu kommen.

Am übernächsten Tag machte ich mich auf den Weg, um unser neues Familienmitglied abzuholen. Irgendwie hatte ich schon ein seltsames Gefühl in der Magengrube. Immerhin war es bis jetzt ein völlig fremder Mensch für mich. Ich hätte gerne etwas mehr Zeit gehabt, um mich mit dem Gedanken anzufreunden, ein Aupair im Haus zu haben.

Die beiden älteren Kinder saßen gespannt im Auto. Celine war ja erst sechs Wochen alt und ihr waren solche Dinge noch egal.

Solange nur ihre nächste Mahlzeit gesichert war. Aber Julian war mit vier Jahren schon alt genug, um sich seine eigenen Gedanken darüber zu machen. Vanessa fand die Tatsache, dass wir nun ein Aupair haben würden, eher – wie sie sich ausdrückte – „cool"! Aber mit ihren zwölf Jahren fand sie im Moment fast alles „cool".

Julian hatte sich tatsächlich die Mühe gemacht, ein Bild für Eva zu malen. Aber noch während er mir stolz sein Gemälde präsentierte, verkündete er, unser Aupair werde in keinem Falle in seinem Zimmer schlafen. In dieser Hinsicht konnte ich ihn sofort beruhigen.

Ich zeigte den Kindern unser bisheriges Gästezimmer, das ich für Eva gemütlich eingerichtet hatte. Nun wollte er nur noch wissen, ob sie denn auch ordentlich Fußball spielen könne. Ich sagte ihm, er müsse das schon selber herausfinden.

Nach einer etwa einstündigen Fahrt waren wir an unserem Ziel angekommen.

Wir waren noch nicht alle aus dem Auto ausgestiegen, als auch schon die Haustür geöffnet wurde. Die Frau musste geradezu am Fenster gestanden haben, um unsere Ankunft nicht zu verpassen.

Wie auch schon am Telefon, redete sie wie ein Wasserfall. Ich wollte nur so schnell wie möglich wieder weg. Ich begrüßte Eva herzlich, die etwas verloren in dem Hausflur stand und fragte nach ihrem Gepäck. Sie wusste wohl nicht sofort, was ich von ihr wollte.

Die Frau bat mich auf einen Kaffee ins Haus, was ich mit dem Hinweis, es sei nun bald wieder an der Zeit, mein Baby zu stillen, dankend ablehnte.

Ich half Eva beim Hinaustragen ihres Gepäcks und verabschiedete mich dann schleunigst.

Die Heimfahrt verlief dann sehr schweigsam. Ich traute mich nicht, Eva etwas zu fragen, da ich nicht sicher war, ob sie mich überhaupt verstehen konnte. Sogar die Kinder waren erstaunlich leise.

Zu Hause angekommen, zeigte ich Eva gleich ihr Zimmer. Es schien ihr zu gefallen, denn ihre Augen strahlten und sie bedankte sich immer wieder.

Auch unseren Hund Niki hatte sie gleich in ihr Herz geschlossen. Sie hörte gar nicht mehr auf, den kleinen Pudel zu streicheln. Am Abend, als Andreas dann zu Hause war, versuchte er mit Eva ins Gespräch zu kommen. Aber ihr Deutsch war wirklich miserabel, so dass wir beschlossen, sie gleich am nächsten Tag zu einem Sprachkurs anzumelden.

Mir kam dann noch der Gedanke, ein kleines Heft anzulegen, in dem ich erst einmal die wichtigsten Wörter und Sätze aufschreiben würde. Eva hatte ein Wörterbuch, womit sie sich die Übersetzungen heraussuchen konnte. Dies stellte sich dann auch als eine sehr gute Idee heraus. Innerhalb weniger Tage, konnten wir ihren Wortschatz doch um einiges erweitern und sie konnte mir wenigstens schon einmal ein Tuch holen, wenn die Kinder etwas verschüttet hatten oder eine Windel besorgen, wenn es für Celine an der Zeit war, frisch gewickelt zu werden.

Sie war auch wirklich sehr bemüht, unsere Sprache zu erlernen. In jeder freien Minute, saß sie über diesem Heft oder über ihrem Wörterbuch und paukte Vokabeln. In die Sprachschule konnte sie erst in vier Wochen gehen, da dann erst ein neuer Kurs beginnen würde.

Ich muss schon sagen, mir manche Dinge bezüglich des Aupair etwas leichter vorgestellt zu haben. Ich erwartete z.B., dass Eva in ihrer freien Zeit auch mal etwas auf eigene Faust unternehmen werde, doch sie zeigte daran keinerlei Interesse. Ich hatte ihr gleich zu Anfang einen Busfahrplan besorgt und ihr gezeigt, wo sich die Bushaltestelle befand, aber bisher machte sie keine Anstalten, auch einmal ohne mich die Initiative zu ergreifen, um ihre Umgebung zu erobern.

Ich hatte sie auch schon darum gebeten, mal etwas mit Celine spazierenzugehen, was sie nicht wollte, aus Angst sich zu verlaufen, und das in einem 2000-Seelendorf. Alles in allem schien sie sehr unselbständig zu sein. Ich hegte die Hoffnung, das würde sich nach einer längeren Eingewöhnungsphase noch etwas bessern.

Wenigstens ging mir Eva bei der Hausarbeit etwas zur Hand. Ich musste sie zwar zu allem auffordern, aber wenn sie dann etwas machte, tat sie es auch gewissenhaft.

Mit Julian kam sie einigermaßen zurecht. Sie spielte oft im Garten mit ihm Fußball oder Verstecken. Vanessa nahm von Evas Anwesenheit weiter gar keine Notiz. Sie war auch selten zu Hause. Vormittags war sie in der Schule und nachmittags ging sie meist mit ihren Freundinnen zum Schwimmen oder zum Spielplatz.

Als Evas Sprachkurs dann begann, wurde sie tatsächlich etwas selbständiger. Sie lernte in der Schule ein paar Mädchen in ihrem Alter kennen und verabredete sich ab und zu mit ihnen. Das freute mich sehr, denn wenn man auf Schritt und Tritt sein Aupair um sich hat, ist das gar nicht so angenehm.

Zu Beginn der Sommerferien ging es ab nach Bayern, wo wir in der Nähe vom Chiemsee ein kleines Häuschen gemietet hatten. Eva stellten wir es frei, mit uns Urlaub zu machen, oder die Zeit in Tschechien bei ihrer Familie zu verbringen. Sie entschied sich fürs Mitfahren. Es wurden ein paar schöne und erholsame Tage. Das einzige, was mich ärgerte, war die Tatsache, dass Eva fast nichts tat. Mir ist das am Anfang gar nicht so aufgefallen, aber Andreas sprach mich nach ein paar Tagen darauf an. Er fragte mich, ob Eva in den Ferien keine Hilfe zu leisten bräuchte? Schließlich bekam sie ja denn kompletten Urlaub von uns bezahlt, und das sei ja auch nicht gerade billig, da wir jeden Tag zum Essen gingen und auch immer irgendwelche Unternehmungen machten. Sie hatte in den ganzen Tagen unserer Ferien, noch keinen einzigen Cent ausgeben müssen. Ich gestand Andreas, dass ich mich darüber gar nicht erkundigt hatte. Ich hatte keine Ahnung, ob sie auch im Urlaub etwas tun musste und wollte daher mich gleich nach unserer Rückkehr erkundigen. Ich sprach Eva aber vorerst nicht darauf an. Irgendwie stand mir nicht der Sinn nach Diskussionen. Sie musste dann aber wohl unsere Verärgerung gespürt haben, denn fortan half sie dabei, das Ferienhaus in Ordnung zu halten und schaute auch einmal nach den Kindern.

Nach der Rückkehr rief ich gleich bei der Aupair-Vermittlung an. Dort wurde mir dann erklärt, dass ein Familienurlaub nur dann auch als Urlaub für das Aupair gelte, wenn für es keine Anwesenheitspflicht bestehe. Das Aupair sei aber schon dazu verpflichtet, kleinere Dienste zu übernehmen. Diese Information half mir zwar jetzt auch nicht mehr, aber beim nächsten Aupair würde ich nun Bescheid wissen.

Als sich Evas Aufenthalt dem Ende neigte, wendeten wir uns

wieder an die Aupair Vermittlung, um uns um eine Nachfolgerin für Eva zu kümmern. Ich hatte mir schon vorgenommen, diesmal nur ein Aupair mit Führerschein zu nehmen. Da wir in einem kleinen Dorf lebten, konnte dies nur von Vorteil sein. So konnte ich dann auch einmal das Aupair bitten, die Einkäufe zu erledigen. An dem Tag, als wir Eva zum Bahnhof brachten, war keiner von uns richtig traurig. Ich möchte damit nicht behaupten, dass Eva ein schlechtes Aupair gewesen sei, aber von ihrem Wesen her passte sie einfach nicht richtig in unsere Familie. Ich denke, dass sie das genauso empfunden hat. Es war einfach keine richtige Herzlichkeit aufgekommen. Wir verabredeten, uns ab und zu einmal zu schreiben und ich versprach ihr in regelmäßigen Abständen ein paar Fotos von den Kindern zu schicken.

Mit unseren besten Wünschen fuhr sie dann nach einem Jahr Aufenthalt in Deutschland zurück nach Hause.

www.interrailers.net *Alles für den Interrailer – Tipps, Adressen, Riesenforum*

Dritter Erfahrungsbericht

Die Entscheidung zur Aufnahme eines Aupairs fiel, weil ich wieder halbtags arbeiten gehen wollte. Wir hatten erst vor kurzem ein Haus gebaut und konnten zusätzliches Geld gut gebrauchen. Unsere große Tochter Kim war fünf Jahre alt und unser Nesthäckchen. Sina wurde im nächsten Monat zwei Jahre alt. Wir hatten zuerst überlegt, eine Tagesmutter für Sina zu suchen, uns dann aber anders entschieden. Eine Tagesmutter würde auch einiges an Kosten verursachen, wobei man zeitlich sehr gebunden ist. Ein Aupair dagegen ist immer im Haus und könnte auch Kim zum Kindergarten bringen und wieder abholen. Gott sei dank hatten wir unser Haus sehr großzügig gebaut, so dass unserem Aupair ein schönes Zimmer mit eigenem Bad zur Verfügung stand.

Wir hatten uns bei der Aupaireragentur für eine zwanzigjähriges Russin names Olga entschieden, die durch ein Praktikum in einem Kindergarten schon etwas Erfahrung im Umgang mit Kindern hatte sammeln können.

Am Tag ihrer Ankunft war ich schon etwas aufgeregt. Immerhin war sie unser erstes Aupair und wir betraten ein absolutes Neuland. Aber so wird es wohl jedem gehen, der zum ersten mal, „Gastmutter" wird.

Olga war ein absoluter Wirbelwind. Sie hatte überhaupt keine Scheu, auf die Kinder zuzugehen und konnte sie im Nu für sich gewinnen. Unseren Kindern schien ihre fröhliche und unkomplizierte Art zu gefallen. Sie konnte schon ganz gut deutsch sprechen, so dass wir in dieser Hinsicht keine Probleme hatten. Sie erzählte uns, dass sie in Russland noch nie Verantwortung hatte übernehmen müssen und ihre Aufgabe als Aupair daher als große

Herausforderung ansah. Ich konnte nur hoffen, dass sie dieser auch gerecht wurde.

Sie erklärte mir ganz offen, von Haushaltsführung bisher keine Ahnung zu haben. Ich erklärte ihr die Dinge, die zu ihren Hauptaufgaben zählen würden. In erster Linie sollte sie für die Kinder da sein. Zu ihren Pflichten würde es gehören, Kim morgens in den Kindergarten zu bringen und wieder abzuholen. Bei schönem Wetter sollte sie dann mit Sina lange Spaziergänge unternehmen. In der Zeit, wo Sina ihren Mittagsschlaf halten würde, sollte sie dann für etwas Ordnung sorgen. Ich erklärte ihr, dass ich um die Mittagszeit wieder zu Hause sei und sie dann für den Rest des Tages frei habe. Olga war mit allem einverstanden.

Die nächsten Tage verbrachten wir damit, dass ich sie nach und nach in alles einführte. Ihre Auffassungsgabe war erstaunlich gut. Mit den Kindern hatte sie gar keine Probleme. Ich konnte mir gut vorstellen, dass Olga später einmal Kindergärtnerin werden würde. Sie hatte eine unendliche Geduld, was die Kinder betraf – ein Charakterzug, von dem ich mir wünschte, dass er bei mir etwas stärker ausgeprägt wäre.

Auch mein Mann Thorsten kam bestens mit ihr zurecht. An meinem ersten Arbeitstag war ich schon ziemlich aufgeregt, ob alles klappen würde. Für die Kinder und mich würde nun ein etwas anderes Leben beginnen. Ich freute mich schon sehr darauf, wieder arbeiten zu gehen, denn zur Nur-Hausfrau taugte ich nicht. Ich war mir sicher, dass auch die Kinder von meiner Berufstätigkeit profitieren würden. Und mit Olga hatten sie wirklich eine liebe Betreuung bekommen. Die erste Zeit lief auch alles bestens. Olga schien an ihren Aufgaben als Aupair viel Freude zu haben. Mit der Zeit bemerkte ich jedoch eine Veränderung an ihr. Sie wurde immer stiller und, wie mir schien, auch trauriger. Sie reagierte auch auf die Kinder nicht mehr so wie zu Anfang. Nachdem ich eine Weile gewartet hatte, ob sich der Zustand von alleine bessert, nahm ich Olga auf ein Gespräch zur Seite. Ich fragte sie ganz direkt, ob etwas nicht in Ordnung sei. Zuerst wollte sie nicht so recht mit der Sprache rausrücken, aber nachdem ich nicht locker ließ, konnte sie gar nicht mehr anders, als mir zu erzählen, was sie bedrückte. Sie erzählte, dass sie unter Heimweh leide, was wahrscheinlich nur deshalb so sei, weil sie noch keine Freunde gefunden hätte. Sie würde doch die meiste Zeit allein verbringen und hätte niemanden, mit dem sie ihre Freizeit gestalten könne. Außer einem Mädchen namens Marina, das sie auf einem Aupair-Treffen kennengelernt hatte, gab es niemanden. Und dieses Mädchen wohnte ausgerechnet auch noch siebzig Kilometer von uns entfernt.

Nachdem Olga mir ihr Herz ausgeschüttet hatte, war ich doch sehr betroffen. Auch über die Tatsache, dass mir das gar nicht aufgefallen war. Olga war wirklich ein sehr lieber Mensch und ich wollte nicht, dass sie traurig war. Ich machte ihr den Vorschlag, dass sie das andere Aupair ruhig einmal für ein paar Tage zu uns einladen könnte. Diese Idee stieß bei Olga auf Begeisterung. Sie rannte gleich zum Telefon, um Marina anzurufen. Olga hatte Glück. Marina freute sich sehr über die Einladung und bekam von ihrer Gastfamilie für vier Tage frei.

In den Tagen, in denen Marina dann zu Besuch war, ging es bei uns sehr lustig zu. Die beiden verstanden sich sehr gut, und Olga blühte zusehends wieder auf. Nun war sie wieder wie zu Anfang. Nachdem Marina aber wieder abgereist war, kam es bei Olga zu einem großen Zusammenbruch. Nun war ihr wohl um so mehr bewusst geworden, das sie ziemlich einsam war und sie saß stundenlang in ihrem Zimmer und weinte. Thorsten und ich wussten gar nicht mehr, wie wir sie noch trösten sollten. Wir wohnten nunmal auch in einem relativ kleinen Dorf. Hier gab es keine Diskothek oder ähnliches. Und Olga war das einzige Aupair in unserem Wohnort. Auch in ihrem Sprachkurs waren die meisten

Teilnehmer schon etwas älter, und die in ihrem Alter hatten schon einen festen Freundeskreis.

Nachdem wir uns gar nicht mehr zu helfen wussten, machten wir ihr den Vorschlag, in eine Familie zu wechseln, die in der Nähe von Marina wäre. Am Anfang wollte unser Aupair davon nichts wissen. Sie erklärte mir, dass sie die Kinder und uns viel zu lieb hätte, als dass sie einfach von hier fortgehen könnte. Nach einigen Gesprächen sah Olga dann aber doch ein, dass es so das Beste für sie sei.

Sicher ist uns diese Entscheidung nicht leicht gefallen und am Abschiedstag gab es auf beiden Seiten viele Tränen. Aber auch im Nachhinein bin ich davon überzeugt, dass diese Entscheidung richtig war.

Olga hatte Glück. Sie kam in eine sehr liebe Familie, nur zwei Kilometer von Marina entfernt. Ihre neue Gastmutter habe ich persönlich kennengelernt, als sie Olga bei uns abholte.

Auch für uns entwickelte sich alles noch positiv. Wir bekamen sehr schnell ein neues Aupair, dass in vielem Olga glich, aber überhaupt keine Kontaktschwierigkeiten besaß. Sie hatte aber auch das Glück, in ihrem Sprachkurs einige Aupairs zu haben. Mit Olga stehen wir heute noch in Kontakt. Sie hat uns bereits zweimal besucht.

Vierter Erfahrungsbericht

Heute war der Tag, an dem wir unser drittes Aupair bekommen würden. Wir, das waren meine achtjährige Tochter Melanie und ich, Vater dieser süßen Tochter. Meine Frau und ich waren schon seit drei Jahren getrennt und sie hatte nie ein großes Interesse an Melanie gezeigt. Als Steuerberater konnte ich von zu Hause aus arbeiten und mich ganz gut um meine Tochter kümmern. Da ich aber nicht wollte, dass Melanie so ganz ohne weibliche Bezugsperson groß wurde, bot ein Aupair Mädchen eine gute Alternative. Außerdem konnte ich natürlich etwas Hilfe gut gebrauchen.

Bis jetzt hatten wir mit unseren Aupairs immer viel Glück. Der Abschied war uns immer sehr schwer gefallen. Aus diesem Grund ließ ich auch immer erst ein paar Wochen verstreichen, bevor das nächste Aupair Quartier bei uns bezog. So konnten Melanie und ich erst einmal ein wenig Abstand gewinnen. Jetzt wurde es aber Zeit, dass wieder ein weibliches Wesen ins Haus kam, das mir wenigstens so leidige Dinge wie Mittagessen kochen, abnahm. Bisher konnten unsere Aupairs immer kochen. Ich hoffte, dass dies auch diesmal der Fall sein würde.

Als Melanie von der Schule nach Hause kam, machten wir uns auf den Weg zum Flughafen. Unser neues Aupair kam aus Georgien und hieß Mariami.

Wir mussten noch etwas warten, da das Flugzeug Verspätung hatte. Melanie bestand darauf, noch einen kleinen Blumenstrauß als Willkommensgeschenk zu kaufen.

Als der Flieger dann endlich gelandet war, hielten wir beide Ausschau nach dem Mädchen, das wir bisher nur von einem Bild kannten. Als wir sie dann endlich gefunden hatten, drückte ihr

Melanie den Blumenstrauß in die Hand. Mariami freute sich so darüber, dass sie sogar etwas rot wurde.

Zu Hause angekommen, zeigte Melanie ihr gleich als erstes ihr Zimmer. Auch die Führung der übrigen Hausbesichtigung wurde, wie immer, von ihr übernommen. Es dauerte nicht lange, da konnte man beide zusammen lachen und reden hören. Mariami kam es auf jeden Fall zugute, dass Melanie schon über einige Erfahrung mit Aupairs verfügte und sie dadurch zu einem sehr offenen Menschen geworden war. Zu unserem Glück hatte Mariami in Georgien drei Jahre lang Deutsch studiert, so dass es auch zu keinen größeren Sprachproblemen kam. Als ich später nach beiden sah, saßen sie auf Melanies Bett und schauten sich Fotos an, die Mariami von zu Hause mitgebracht hatte.

Als Melanie am Abend zu Bett gegangen war, saß ich gemütlich mit unserem neuen Aupair zusammen und besprach mit ihr alle Einzelheiten. Anschließend erzählte sie mir dann etwas, über ihr bisheriges Leben in Georgien. Sie wollte später einmal Lehrerin werden und brauchte dafür unbedingt gute Deutschkenntnisse. Da eine Freundin von ihr auch schon als Aupair in Deutschland war und von dieser Zeit immer schwärmte, hatte sie sich auch zu diesem Schritt entschlossen.

Sie erzählte mir auch ganz offen, dass sie anfangs schon überlegt habe, ob es das Richtige sei, zu einem alleinerziehenden Vater zu gehen. Aber unser Brief und auch die Bilder, die wir ihr schickten, hätten sie so sehr angesprochen, dass sie gar nicht anders gekonnt hätte, als uns zuzusagen.Ich freute mich über so viel Offenheit, da ich die Erfahrung gemacht habe, dass dies die beste Grundlage für eine gute Beziehung zwischen Gastfamilie und Aupair ist.

Und so sollte es auch sein. Melanie, Mariami und ich waren bald ein eingespieltes Team. Morgens, wenn Melanie in der Schule war, erledigte Mariami einen Großteil der Hausarbeit, und wenn Melanie nachmittags mit ihren Freundinnen unterwegs war, hatte sie frei. Am Wochenende unternahmen wir dann viel gemeinsam. Manchmal besuchte Mariami abends auch mal eine Diskothek mit einem gleichaltrigen befreundeten Mädchen aus unserer Nachbarschaft.

Nach einiger Zeit stellte ich einige Veränderungen an Mariami fest. Sie war nicht immer so ganz bei der Sache und ging jetzt auch abends sehr oft aus. Ich hatte mir schon überlegt, ob ich sie einmal darauf ansprechen sollte, ob es irgendwelche Probleme gebe, da suchte sie auch schon von sich aus das Gespräch mit mir. Sie erzählte, dass sie einen Freund habe und fragte mich, ob ich etwas dagegen hätte, wenn sie ihn einmal mit nach Hause bringen würde. Ich fühlte mich in diesem Moment ziemlich überrumpelt, da ich mit solch einer Situation von meinen anderen Aupairs noch nicht konfrontiert worden war.

Aber ich freute mich natürlich auch über das Vertrauen, welches mir Mariami entgegenbrachte. Nach einigen Überlegungen stimmte ich dann zu, dass sie ihren Freund ruhig einmal zu uns einladen könne.

Von da an war Markus (so sein Name) nun öfters bei uns anzutreffen. Er machte auch einen wirklich sehr netten Eindruck. Bei unseren Wochenendausflügen wurde er auch zu einem ständigen Begleiter. Ich freute mich sehr für Mariami, dass sie einen so lieben Freund kennengelernt hatte und trotzdem ihre Aufgaben bei uns nicht vernachlässigte.

Ich war schon sehr dankbar, mit all meinen Aupairs bisher noch nie irgendwelche ernsten Schwierigkeiten erlebt zu haben. Ich wusste von anderen Familien, bei denen nicht immer alles so reibungslos funktionierte. Andernfalls hätte ich auch nicht immer wieder ein Aupair bei uns aufgenommen, da ich Melanie keinem unnötigen Stress aussetzen wollte. Sie hatte unter dem Verlust ihrer Mutter schon genug gelitten.

Als sich dann die Zeit von Mariamis Aufenthaltsdauer langsam dem Ende neigte, berichtete sie mir von einer sehr netten Freundin, die auch gerne für ein Jahr als Aupair nach Deutschland kommen wolle. Ich nahm daraufhin mit diesem Mädchen Kontakt auf und leitete alle nötigen Schritte in die Wege. Was mich und Melanie am meisten freute, war die Tatsache, dass Mariami nicht wieder zurück nach Georgien gehen würde. Sie und Markus wollten heiraten. Sie baten mich darum, Trauzeuge zu werden. Markus hatte für sich und Mariami schon eine kleine Wohnung angemietet, die nur wenige Minuten von uns entfernt lag. Melanie war davon begeistert. Und so kam es, dass wir diesmal nicht zu einem Bahnhof oder Flughafen fahren mussten, um unser Aupair zu verabschieden, sondern nur ein paar Straßen weiter.

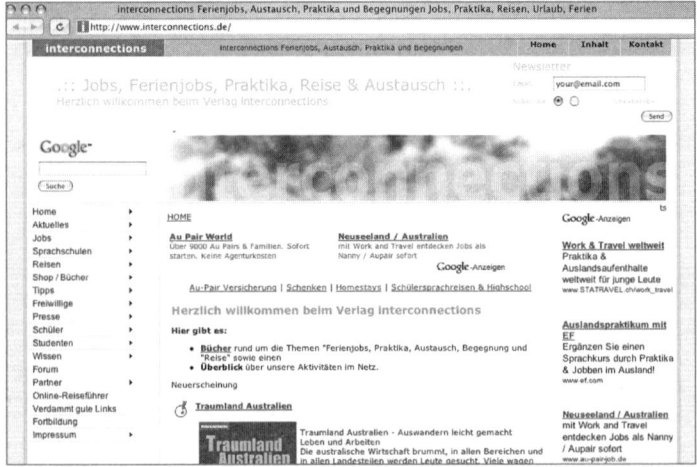

www.interconnections.de *Bücher und Angebote für junge Leute – Jobs, Praktika, Austausch*

Fünfter Erfahrungsbericht

Zuerst wollte ich von dem Vorschlag meines Mannes, ein Aupair bei uns aufzunehmen, gar nichts wissen. Ich konnte mir beim besten Willen nicht vorstellen, immer mit einem Menschen zusammenzuleben, der doch eigentlich gar nicht zu uns gehörte.

Aber Stefan ließ einfach nicht locker. Er war der festen Überzeugung, dass ich mit unseren Zwillingen im Alter von eineinhalb Jahren völlig überlastet sei. Stefan hatte mich bisher immer sehr unterstützt. In zwei Monaten würde er nun aber eine neue Stelle antreten, mit der Folge, in Zukunft auch öfter mal für ein paar Tage geschäftlich unterwegs sein zu müssen. Wir hätten zwar ein wesentlich höheres Einkommen, dafür würde er aber auch weniger Zeit haben. Als Lösung schlug er ein Aupair vor. Irgendwie fand ich die Aussicht ja verlockend, nicht immer auf mich allein gestellt sein zu müssen, aber ich hatte ein Problem mit dem Gedanken, immer jemand Fremdes um mich zu haben. Stefan machte mir dann aber klar, dass ein Aupair ja nicht fremd bleiben würde und sich mit der Zeit sicher ein nettes Verhältnis entwickeln würde. Außerdem, versuchte er mich zu beruhigen, könnte das Aupair ja in eine andere Familie weitervermittelt werden, wenn es einfach gar nicht klappen sollte. Damit ließ ich mich dann umstimmen.

Bei einer Aupairvermittlung ließen wir uns beraten und entschieden uns für ein sympathisch aussehendes Mädchen aus Polen, dreiundzwanzig Jahre alt und von Beruf Kinderkrankenschwester. Das gefiel mir. Es dauerte dann noch fast drei Monate, bis Katharina eintraf. Stefan hatte zu diesem Zeitpunkt schon seine neue Arbeitsstelle angetreten und kam oft erst spät nach Hause. Die zwei Stunden, die er sich sonst abends um unsere Zwillinge Margit und Martin gekümmert hatte, fehlten mir wirklich sehr.

Der Tag, an dem Katharina anreiste, fiel ausgerechnet in die Zeit, als Stefan zum ersten Mal mehrere Tage auf Geschäftsreise war. Das passte mir eigentlich gar nicht, da ich im Umgangs mit einem Aupair sehr unsicher war. Aber es half alles nichts, ich musste diese Situation jetzt alleine meistern.

Ich hatte eine gute Freundin gebeten, Katharina für mich am Bahnhof abzuholen, da ihre Ankunft genau in die Zeitspanne fiel, in der die Zwillinge ihren Mittagsschlaf hielten.

Als die beiden dann vor der Tür standen, war ich schon arg neugierig, was mich nun erwarten würde. Bevor ich Katharina ihr Zimmer zeigte, gingen wir ins Speisezimmer, wo ich einen kleinen Imbiss vorbereitet hatte. Sie erzählte mir, dass sie eine angenehme Anreise gehabt habe und sich schon sehr darauf freue, meine Kinder kennenzulernen.

Ich war erst einmal sehr erstaunt darüber, welch guten Deutschkenntnisse sie schon besaß. In ihrer Bewerbung, stand etwas von mittelmäßig, aber was ich bisher gehört hatte, ließ darauf schließen, dass sie längere Zeit Unterricht in der deutschen Sprache hatte.

Ich erzählte ihr dann etwas über die Zwillinge und unseren Tagesablauf und erkundigte mich, ob sie denn nicht lieber eine Familie mit größeren Kindern gewollt hätte. Sie berichtete daraufhin von ihrer Arbeit in Polen als Kinderkrankenschwester und dass sie dort auf einer Station mit Kleinkindern bis zu drei Jahren gearbeitet hätte. Somit verfügte sie in der Altersklasse über Erfahrung.

Wir saßen noch eine ganze Weile zusammen, und als meine Freundin sich dann verabschiedete, erwachten Margit und Martin aus ihrem Mittagsschlaf. Sie schenkten unserem Neuankömmling wenig Interesse und machten sich lieber gleich daran, die aufgeräumte Wohnung in ein Schlachtfeld zu verwandeln. Nach einer

Weile zeigte ich dann Katharina erst einmal ihr Zimmer und sagte ihr, dass ich nun mit den Kindern unseren täglichen Spaziergang machen werde.

Als ich dann später mit den Kindern unterwegs war, empfand ich es schon als etwas unangenehm, jemand noch völlig Fremden alleine in unserem Haus zu wissen. Ich musste mich daran erst gewöhnen. Ich hatte zwar schon etwas Zeit gehabt, mich mit solchen Gedanken auseinander zu setzen, aber in der Praxis war es dann doch etwas anderes.

Als ich wieder nach Hause kam war von Katharina weder was zu sehen noch zu hören. Ich nahm an, dass sie sich etwas hingelegt hatte, um sich von ihrer langen Anreise zu erholen. Gegen Abend kam sie nach unten in die Küche und half mir beim Zubereiten des Abendessens. Als wir dann gegessen und gemeinsam die Kinder ins Bett gebracht hatten, setzten wir uns noch etwas zusammen und unterhielten uns darüber, wie sich die nächste Zeit ungefähr gestalten sollte. Ich hatte den Eindruck, dass sie sich wirklich auf ihre neuen Aufgaben freute. Man merkte ihr an, dass sie Kinder wirklich gerne hatte. Aber das war zu erwarten, da sie ansonsten kaum eine Ausbildung zur Kinderkrankenschwester gemacht hätte.

In den nächsten Tagen hatte ich alle Hände voll damit zu tun, Katharina alles zu zeigen und ihr zu erklären, was mir wichtig erschien.

Von meinen Freundinnen wurde ich sehr um mein Aupair beneidet. Die meisten hatten wohl von dem Thema Aupair keine Ahnung und dachten, Katharina werde nun meine persönliche Putzfrau und Kindermädchen. Es gab sogar einige, die mir in einem ziemlich vorwurfsvollen Ton zu verstehen gaben, dass sie ihre Kinder niemals in fremde Hände geben könnten. Dieses Verhalten machte mich schon etwas wütend, denn genau diese

Freundinnen hatten mir noch nie angeboten, einmal für ein paar Stunden auf meine Kinder aufzupassen, damit ich z.B. mal wieder einen Stadtbummel machen konnte.

Stefan und ich konnten leider nicht auf Großeltern zurückgreifen, da meine Eltern ca. zweihundert Kilometer von uns entfernt wohnten und Stefans Eltern schon verstorben waren.

Hatte ich am Anfang noch tausend Einwände gegen die Aufnahme eines Aupair gehabt, so lernte ich die Anwesenheit von Katharina schnell zu schätzen. Wie mir Stefan schon vorhergesagt hatte, gewöhnte ich mich rasch daran, eine Person mehr im Haus zu haben.

Dazu ist auch anzumerken, dass unser Aupair strikt unsere Privatsphäre achtete. In ihrer Freizeit unternahm sie oft etwas auf eigene Faust und lernte so schnell eine Menge Leute kennen. Wenn Stefan geschäftlich unterwegs war, saßen Katharina und ich aber oft noch etwas zusammen und unterhielten uns. So entwickelte sich schnell ein freundschaftliches Verhältnis.

Mit unseren Zwillingen hatte sie auch leichtes Spiel. Sie hatte ein gutes Gefühl für den richtigen Umgang mit Kindern und ließ sich immer etwas Neues einfallen, um sie zu beschäftigen.Oft verbrachte sie zwei bis drei Stunden mit den Kleinen auf dem Spielplatz, so dass ich endlich auch wieder mal etwas Zeit für mich hatte. Ich bemerkte, wie sich meine doch stark strapazierten Nerven langsam wieder erholten. Gerade das erste Jahr ist mit Zwillingen derart anstrengend, dass man abends meist nur noch todmüde ins Bett fällt.

Für mich stand dann auch schnell fest, dass wir wieder ein Aupair nach Katharina einstellen würden. Natürlich tragen auch hin und wieder mal ein paar kleine Probleme auf, aber das war ganz normal. Immer, wenn man mit einem anderen Menschen längere Zeit zusammen ist, entstehen auch hin und wieder Konflikte.

Anfangs bestanden die meisten Schwierigkeiten darin, dass ich Hemmungen hatte, Katharina ganz klar zu sagen, wenn etwas nicht in Ordnung war. Mit der Zeit gewöhnte ich mir dann aber an, sofort darüber zu reden, wenn mir etwas nicht passte. Im Gegenzug sagte auch Katharina, wenn sie mit irgendwelchen Regeln nicht zurecht kam. Fast immer haben wir so eine Lösung gefunden und in den Fällen, wo das problematisch war, haben wir dann Toleranz walten lassen. In der Zeit mit Katharina habe ich auch gelernt, meine Erwartungshaltung nicht immer so hochzuschrauben und meinen Hang zum Perfektionismus etwas abzulegen. Das kam nicht nur meinen Kindern zu gute, sondern auch meinem Mann, da ich jetzt etwas gelöster war und gelernt habe, dass es meinen Kindern auch gut ging, wenn sie mich mal für ein paar Stunden nicht um sich hatten. Diese Erfahrung hatte ich vorher nicht machen können, da niemanden da war, der sie mal für ein paar Stunden betreut hätte.

Alles in allem kann ich sagen, dass die Zeit mit Katharina sehr schön war. Als sie ihre Heimreise antrat, freute ich mich schon auf unser nächstes Aupair.

Sechster Erfahrungsbericht

Zuschrift von Angela Wiedenbeck an die Au-Pair-Box,
www.au-pair-box.com

Wir hatten schon 9 Aupairs, nur eins ist vorzeitig nach Hause gefahren, alle anderen sind bis zum Ablauf des Visums bei uns geblieben. Die meisten von ihnen waren nicht nur eine echte Hilfe, sondern bereicherten unser Familienleben, ließen uns auch mal über den Tellerrand gucken und unser abgesichertes Leben in Deutschland neu schätzen lernen. Mit einigen haben wir heute noch regelmäßigen Kontakt, eine haben wir in ihrer Heimat mehrmals besucht, und sie kommt auch immer wieder mal zu uns. Ich würde jederzeit wieder ein Aupair zur Betreuung meiner Kinder beschäftigen, solange ich ein Zimmer frei habe und sie unterbringen kann.

Erste Erfahrungen

Das erste Mädchen hatten wir, während ich meine Diplomarbeit schrieb. Sie wurde noch von einer großen gemeinnützigen Vermittlung geschickt. Wir waren völlig blauäugig und die Vermittlerin hatte uns überhaupt nicht über mögliche Schwierigkeiten aufgeklärt. Das Mädchen hatte hier einen Freund und war nur gekommen, um in seiner Nähe zu sein. Am Anfang dachten wir: wie schön, dass sie hier schon jemanden kennt, dann ist sie nicht so einsam. Mann, waren wir blöd! Sie zeigte kein Interesse, sich in unsere Familie zu integrieren und verschwand sofort, wenn ihre offizielle Arbeitszeit zu Ende war. Dann verbrachte sie auch das ganze Wochenende bei ihm und schließlich – ich hatte gerade meine erste feste Anstellung gefunden – kündigte sie fristlos und zog zu ihrem Freund. Wir schliefen eine Nacht darüber und boten ihr am nächsten Tag viel, viel mehr Taschengeld (das war schon eher ein Lohn), damit sie weiter arbeitete, und ließen sie bei ihrem Freund wohnen. Sie ging darauf ein, kam morgens todmüde an, erledigte schlechtgelaunt ihre Arbeit und verschwand, sobald ich nachmittags das Haus betrat.

Die Vermittlerin riet uns übrigens, den Aupair-Vertrag zu beenden und das Mädchen sofort beim Ausländeramt abzumelden. Dann hätte sie umgehend ausreisen müssen, weil ihr Aufenthaltstitel nur für die Aupair-Tätigkeit in unserer Familie galt. Ein neues Aupair hatten wir zu diesem Zeitpunkt schon eingeladen, aber die Bearbeitung des Visums dauerte drei Monate. Na ja, ging auch rum.

Die nächsten Mädchen waren echte Perlen: lieb, vernünftig und ganz toll mit den Kindern. Fast alle lernten mit großem Eifer Deutsch und machten gute Fortschritte. Eine empfahl die Nächste und so brauchten wir keine Vermittlung mehr. Sie konnten miteinander telefonieren und die bei uns anfallenden Aufgaben vorab besprechen. Das war sehr sinnvoll. Ein Mädchen schrieb auf litauisch einen „Arbeitsplan" für ihre Nachfolgerin, weil sie das für eine große Hilfe hielt. Auch das hat sich bewährt.

Gute Erfahrungen mit männlichen Aupairs

Jetzt haben wir gerade unseren zweiten Aupair Jungen, der dritte kommt im August. Ich kann alle Familien nur ermutigen, auch Jungen eine Chance zu geben. Mein jüngster Sohn wurde von Geburt an von einem Aupair Jungen mitbetreut, und er war wirklich wie ein Bruder für ihn. Die Hausarbeit erledigen unsere Aupair-Jungen nicht anders als der Durchschnitt unserer Aupair-Mädchen, die Unterschiede liegen m.E. eher in der Persönlichkeit, dem familiären Umfeld zuhause und in der Kultur des Heimatlandes als im Geschlecht.

Meine Tipps für künftige Gastfamilien

✔ Im Aupair-Vertrag oder als Anlage dazu genau auflisten,

worin die Arbeit besteht (was muss geputzt werden, wie oft muss gekocht oder etwas aufgewärmt werden, zu welchen Zeiten müssen wie viele Kinder betreut werden, wann ist Babysitting am Abend erwünscht).

✔ Wie die tägliche und wöchentliche Arbeitszeit eingeteilt ist (es gibt immer wieder Diskussionen, wenn von den 30 Stunden auch 5 Stunden am Wochenende abzuleisten sind).

✔ Wann der Sprachkurs stattfindet und wer ihn bezahlt – wie die Telefonkosten abzurechnen sind (oft ein Streitfall, deshalb vorher klären) – wer die An- und Abreise bezahlt – was Ihnen sonst noch wichtig ist.

Hilfe von den Vermittlungsagenturen

Wenn es später zu Unstimmigkeiten kommt, die Sie alleine mit dem Aupair nicht klären können, schalten Sie ruhig ihre Vermittlung ein. Die Vermittlerinnen haben viel Erfahrung und auch eine gewisse Autorität dem Aupair gegenüber. Mit dem Vertrag bzw. der schriftlichen Vereinbarung können Sie dann mit einer guten Ausgangsposition in die Verhandlungen gehen.

Wir haben in den letzten zwei Jahren sehr gute Erfahrungen mit einer deutschlandweit tätigen privaten Agentur gemacht. Sie bietet ein Einführungsseminar für Aupairs, ein tolles Ausflugsprogramm mit Kurztrips nach Paris oder Rom und für die Gastfamilie eine wirklich umfassende Betreuung und Beratung. Es ist jedoch klar, dass auch die beste Vermittlung nicht in die Köpfe der Bewerber hineinschauen kann und keine Gewähr für die Angaben in den Bewerbungsbögen übernehmen kann.

Referenzen

Lassen Sie sich nicht von angeblich tollen Deutschkenntnissen blenden, selbst gute Noten an der Uni sagen über die mündlichen Fähigkeiten gar nichts aus. Oft wird im Heimatland viel Wert auf Grammatik gelegt, aber die Studenten sprechen nicht im Dialog miteinander. Wenn sie herkommen, verstehen sie uns nicht und sind total frustriert.

Alle Referenzen wie „Praktikum im Kindergarten" oder „hat die Kinder der Nachbarn betreut" sind ebenso mit Vorsicht zu genießen. In Osteuropa und Asien herrscht oft ein ganz anderer Erziehungsstil als bei uns. Die Aupairs sind meistens überrascht, was unsere Kinder alles dürfen, dass wir Verbote immer begründen und versuchen die Einsicht der Kinder zu wecken. Auch das Verhalten unserer pubertierenden Großen rief eine gewisse Befremdung hervor. Das Thema Essen ist nach meinem Gefühl viel schwieriger geworden als vor 10 Jahren. Fleisch ist angesagt, Gemüse und Obst wird verweigert. Unsere Aupairs haben es damit schwer, weil ich mit viel Gemüse und wenig Fleisch koche. Ich erlaube nicht (keinem Kind oder Aupair), am Essen nicht teilzunehmen und sich dafür etwas anderes zu kochen. Keiner muss etwas essen, was ihm nicht schmeckt, aber es gibt als Ersatz maximal ein Stück Brot und dann keinen Nachtisch. Funktioniert. Morgens und abends ißt jeder, was er will. Süßigkeiten sind Privatsache und werden von allen vom Taschengeld bezahlt. Die Obstschale ist immer gefüllt und für alle zum Naschen offen.

Prinzipiell behandele ich meine Aupairs so, wie ich mir das für meine große Tochter wünsche, die auch mal Aupair werden will. Die Einhaltung der Aupair-Regeln und menschliche Wärme ist eigentlich das Wichtigste. Ich sage offen, was ich denke und erwarte, das finde ich nur fair.

Jedes Aupair ist anders, wir erfahren jedes Jahr etwas Neues, es gibt immer wieder überraschende Situationen, Mißverständnisse und Lacher. Wir haben gelernt, Wichtiges von Unwichtigem zu unterscheiden. Wichtiges muss gemacht werden, da lasse ich nicht mit mir diskutieren, gerade wenn es um das Wohl der Kinder geht. Bei Unwichtigem lasse ich auch mal fünfe gerade sein, z.B. wenn die Treppe mal wieder nicht feucht gewischt wurde.

Zu guter Letzt

Wer nun dieses Buch aufmerksam durchgelesen hat, weiß jetzt schon einiges mehr über Aupairs. Ich hoffe, allen Lesern bei dem ein oder anderen Problem weitergeholfen und alle Fragen beantwortet zu haben.

Ich wünsche allen viele gute Erfahrungen mit ihrem Aupair und eine schöne gemeinsame Zeit, die in guter Erinnerung bleibt. Sollte es gleich zu Anfang nicht so klappen, wie sich orgestellt, so werfe man die Flinte nicht gleich ins Korn. Es gibt ein schönes Sprichwort: „Gut Ding will Weile haben". Lassen Sie sich für das gegenseitige Kennenlernen genug Zeit. Eine gewisse Unsicherheit besteht am Anfang meist auf beiden Seiten. Einige Startschwierigkeiten sind ganz normal. Wenn erst einmal beide Parteien wissen, was von ihnen erwartet wird, regeln sich viele Dinge ganz von selbst. Und für die Dinge, bei denen das nicht so ist, haben Sie ja diesen Ratgeber und auch Ihre Vermittlungsagentur, die Ihnen jederzeit bei Problemen zur Verfügung steht.

Und noch ein Tipp zum Schluss: Behandeln Sie Ihr Aupair so, wie Sie es sich auch für Ihre Kinder wünschen würden, wenn sie als Aupair im Ausland bei einer Gastfamilie wären.

Teil III – Tipps fürs Aupair

Hier einige Ideen zur Beschäftigung für den Anfang. Nichts bindet Aupairs und Kinder besser als gemeinsames Tun. Wer weitere erprobte Vorschläge hat, teile Sie doch bitte auch anderen im Forum bei *www.au-pair-box.com* mit.

Spielen und Basteln

Sparschwein basteln

Material:
1 Luftballon
Viele Papierschnipsel
Tapetenkleister
Wassermalfarben
1 Eierkarton

So geht's:
Zuerst den Luftballon aufpusten und verknoten.
Anschließend den Tapetenkleister anrühren und einen Moment ziehen lassen.
Dann die Papierschnipsel in den Kleister eintauchen und den Luftballon dick mit den Schnipseln bekleben.
Am besten über Nacht trocknen lassen. Darauf an der Oberseite des Ballons mit einem Messer einen Schlitz einschneiden.
Aus dem Eierkarton eine Nase (Rüssel) und zwei Ohren ausschneiden und auf den beklebten Ballon ankleben. Anschließend alles schön bunt bemalen.
Wer mag, kann noch aus einem Wollfaden einen Ringelschwanz ankleben.
Fertig ist das Sparschwein. Nun muss es nur noch gefüttert werden.

Kartoffelstempel

Material:
3 Kartoffeln
1 Messer
Papier
Wasserfarben

So geht's:
Kartoffeln in der Mitte durchschneiden. Mit dem Messer beliebige Figuren einritzen.
Anschließend die Kartoffelstempel mit Wasserfarben bemalen und nach Lust und Laune auf das Papier aufdrücken.

Karamellbonbons

Material:
1 Esslöffel
1 Stück Alufolie
Ein Stückchen Butter
Etwas Zucker
1 Kerze

So geht's:
Zuerst nimmt man die Alufolie und wickelt sie fest um den Esslöffel herum.
Danach gibt man ein Stückchen Butter auf den Löffel und schmilzt Sie über der brennenden Kerze.
Wenn die Butter zu brutzeln beginnt, etwas Zucker dazugeben und ihn karamellisieren lassen.
Nach Abkühlung vorsichtig aus der Alufolie lösen.

Gewürzbild

Material:
Verschiedene Gewürzkörner (Nelken, Pfefferkörner, Kardamom, und ähnliches)
Papier
Klebstoff

So geht's:
Die Gewürzkörner in beliebigen Formen, mit viel Klebstoff auf das Papier aufbringen.
In der Küche aufgehängt, sehen solche Bilder nicht nur hübsch aus, sondern verbreiten auch noch einen angenehmen Duft.

Hand und Fußabdrücke aus Salzteig

Material:
1 Tasse Mehl
1 Tasse Salz
8 – 10 Esslöffel Wasser
Selbstklebende Aufhänghaken
Wasserfarben

So geht's:
Aus Mehl, Salz und Wasser einen festen geschmeidigen Teig kneten.
Anschließend aus einem Teil des Teiges eine Kugel formen und platt drücken.
Dann eine Hand oder einen Fuß des Kindes eindrücken.
Anschließend am besten über Nacht trocknen lassen.
Dann im Backofen bei ca. 50 Grad ca. 1–2 Stunden backen lassen.
Wenn der Salzteigabdruck dann abgekühlt ist, mit Wasserfarben bemalen und nachdem diese trocken ist, den Aufhänger anbringen.
So ein Abdruck eignet sich auch hervorragend als Geschenk für die Großeltern.

Stiftehalter

Material:
1 leere Toilettenpapierrolle
1 Stück Pappe (ca 15 x 15 cm)
Klebstoff
Buntpapier

So geht's:
Die Toilettenpapierrolle und das Stück Pappe, mit dem Buntpapier
bekleben.
Anschließend die beklebte Rolle aufrecht auf das Stück Pappe auf-
kleben.
Ist alles gut getrocknet, so kann man das Ganze nun mit Bunt- oder
Filzstiften auffüllen.
Falls der Stiftehalter als Geschenk für Mamas oder Papas Schreib-
tisch gedacht ist, kann man dem Ganzen auch noch eine persönliche
Note geben, indem man ein Bild von den Kindern aufklebt.

Spritzbilder

Material:
1 ZahnbürsteWasserfarbe
1 Kleines Sieb (sehr feinmaschig)
verschiedene Blätter von Bäumen
1 weißes Blatt Papier

So geht's:
Die Blätter auf dem Papier verteilen. Die Wasserfarben mit etwas
Wasser dick-bis zähflüssig vermischen. Anschließend die Zahnbürs-
te in die Farben tunken, das Sieb über das Papier halten und mit der
Zahnbürste immer wieder darüber streichen.
Wenn alles getrocknet ist, die Blätter wieder herunter nehmen.

Rezepte

Hier einige Ideen, um den Kindern schnell mal etwas Essbares und Unkompliziertes auf den Tisch zaubern zu können. Am besten stelle man selbst einige weitere, bei den Kindern beliebte Rezepte zusammen, so dass das Aupair bei Bedarf darauf zurückgreifen kann. Wer gute Ideen hat, möge Sie bitte im Forum bei *www.au-pair-box.com* einbringen.

Spinat, Eier und Kartoffeln

Zutaten:
2 Packungen tiefgefrorener Rahmspinat
ca. 8 mittelgroße Kartoffeln
8 Eier
Etwas Milch

Zubereitung: Den Rahmspinat mit etwas Milch in einem Topf auf niedriger Temperatur auftauen lassen. Kurz aufkochen. Die Kartoffeln schälen und in der Mitte durchschneiden. In einen Topf mit Salzwasser geben und ca. 20 Minuten kochen lassen. Die Eier als Spiegeleier in einer Pfanne braten.

Fleischwurst-Gemüsepfanne

Zutaten:
1 Ring Fleischwurst
2 Packungen tiefgefrorenes Pfannengemüse
1 Becher Sahne

Zubereitung:
Das Pfannengemüse in eine Pfanne mit etwas Wasser geben und köcheln lassen.
Die Fleischwurst in kleine Stücke schneiden und zu dem Gemüse geben.
Zum Schluss die Sahne unterrühren.

Überbackene Ravioli

Zutaten:
2 Dosen Ravioli
200 gr geriebenen Käse

Zubereitung:
Die Ravioli in eine Auflaufform geben und den Käse darüber verteilen. Das ganze bei 200°c im Backofen überbacken.

Gemüsesuppe mit Fleischklößchen

Zutaten:
1 Packung Suppengemüse
2 mittelgroße Kartoffeln
3 grobe Bratwürstchen
1 Eßlöffel gekörnte Gemüsebrühe

Zubereitung:
1½ Liter Wasser zum Kochen bringen, das Suppengemüse und die gekörnte Brühe hinzufügen.

Die Kartoffeln schälen und in kleine Stücke schneiden. Ebenfalls hinzufügen.
Die Suppe ca. 20 Minuten kochen lassen.
Die Bratwürstchen aufschneiden und aus dem Inhalt kleine Klößchen formen.
Diese ca. 5 Minuten in der Suppe gar ziehen lassen.

Pfannkuchen mit Obst

Zutaten:
Ca 200 gr Mehl
4 Eier
1/4 Liter Milch
1 Päckchen Vanillezucker
etwas Öl
1 Glas Obst (Kirschen, Birnen, Pflaumen, etc.)

Zubereitung:
Aus Mehl, Eiern, Milch und Vanillezucker einen Pfannkuchenteig bereiten.Etwas Öl in eine Pfanne geben und Portionsweise Pfannkuchen ausbacken.Dann jeweils einen Pfannkuchen auf einen Teller legen und mit etwas Obst anrichten.

Schinkennudeln

Zutaten:
400 gr Nudeln (Spiral oder ähnlich)
400 gr gekochten Schinken
etwas Butter
Pfeffer, Salz

Zubereitung:
Die Nudeln nach Packungsanweisung kochen.
Den Schinken in kleine Würfel schneiden.

Etwas Butter in der Pfanne erhitzen und den Schinken darin anbraten.
Anschließend die gekochten Nudeln hinzufügen und das ganze mit Pfeffer und Salz würzen.

Obstquark

Zutaten:
500 gr Speisequark
2 Äpfel2 Mandarinen
2 Bananenetwas Zucker
etwas Milch

Zubereitung:
Den Speisequark mit der Milch und dem Zucker glattrühren.
Das Obst schälen und in kleine Stücke schneiden.
Zum Schluss unter den Quark heben.

Bratwürstchen mit Möhren und Erbsengemüse und Kartoffeln

Zutaten:
4 grobe oder feine Bratwürstchen
1 große Dose Möhren und Erbsen
6 mittelgroße Kartoffeln
etwas ButterPetersilie
Pfeffer, Salz

Zubereitung:
Die Kartoffeln schälen, in der Mitte durchschneiden und in Salzwasser ca 20 Minuten garen.
Die Flüssigkeit von dem Gemüse weggießen und das Gemüse in einen Topf geben.

Etwas Butter zugeben und mit Pfeffer und Salz würzen. Zum Schluss mit Petersilie bestreuen.
Die Bratwürstchen in einer Pfanne mit etwas Öl braten.

Toast Hawai

Zutaten:
8 Scheiben Toastbrot
8 Scheiben Schinken
8 Scheiben Scheibletten Käse
8 Scheiben Ananas aus der Dose
8 Kirschen

Zubereitung:
Die Toastbrotscheiben zuerst mit Schinken, dann mit Ananas und Schmelzkäse belegen.
Zum Schluss mit einer Kirsche garnieren.
Die fertigen Toast's dann im Backofen bei 200°c 10 Minuten überbacken.

Nudelauflauf

Zutaten:
400 gr Spiralnudeln
200 gr gekochten Schinken
200 gr geriebenen Käse
1 Becher Süße Sahne
1 Ei
1 Esslöffel Tomatenmark Pfeffer, Salz

Zubereitung:
Die Nudeln nach Packungsanweisung kochen.
Den Schinken in dünne Streifen schneiden.
Die Sahne mit dem Ei und dem Tomatenmark verrühren, mit Salz

und Pfeffer würzen.

Die Nudeln abwechselnd mit dem Schinken in eine Auflaufform geben. Die Tomatenmark – Ei Sahne darüber gießen und anschließend den Käse darüber geben.

Die Auflaufform in den vorgeheizten Backofen schieben und alles ca 30 Minuten bei 210°c überbacken.

Rührei mit Tomaten

Zutaten:
8 Eier3 Tomaten
1 Esslöffel Schnittlauch
Pfeffer, Salz

Zubereitung:
Die Tomaten waschen und in Scheiben schneiden. In einer Pfanne mit etwas Fett anbraten.
Die Eier verquirlen und mit Pfeffer und Salz würzen.
Die Eier über die Tomaten geben und fest werden lassen.
Zum Schluss den Schnittlauch darüber geben.
Dazu paßt Baguette Brot.

Nudeln mit Paprika Rahmsoße

Zutaten:
500 gr gedrehte Bandnudelnje eine rote, grüne und gelbe Paprikaschote
2 Päckchen fertig Rahmsoße (zb. Maggi oder Knorr)
2 Esslöffel Crème Fraîche

Zubereitung:
Die Nudeln nach Packungsanweisung kochen.
Die Paprikaschoten waschen, entkernen und in kleine Stücke schneiden.
In etwas Öl anbraten und die Wassermenge für die fertig Rahmsoße zugeben. Zum Kochen bringen und das Soßenpulver unterrühren.
Ca fünf Minuten kochen lassen und dann mit der Crème Fraîche verfeinern. Die fertigen Nudeln auf Teller geben und die Soße darüber verteilen.

Kartoffelpuffer mit Apfelmus

Zutaten:
12 tiefgefrorene Kartoffelpuffer
1 großes Glas Apfelmus

Zubereitung:
Die gefrorenen Kartoffelpuffer in Öl knusprig braten.
Dann jeweils 3 Stück auf einem Teller anrichten und Apfelmus dazugeben.

Pellkartoffeln mit Kräuterquark

Zutaten:
12 mittelgroße Kartoffeln
750 gr Quark

1 Esslöffel Schnittlauch
1 Esslöffel Petersilie
1 Esslöffel Dill
Pfeffer, Salz

Zubereitung:
Die Kartoffeln waschen und in einen großen Topf mit kaltem Wasser geben.
Ca 30 – 40 Minuten kochen lassen.
Den Quark in eine Schüssel geben und die Kräuter unterrühren.
Mit Pfeffer und Salz würzen.
Die garen Kartoffel auf Tellern anrichten und etwas Quark dazugeben.

Nudelsalat mit Würstchen

Zutaten:
400 gr Nudeln (Gabelspaghetti,
Spiralen oder ähnlich)
1 kleine Dose Möhren und Erbsen
1 kleine Dose Mais
1 Glas Miracel Whip (fertig
gewürzte Mayonnaise)
8 Wiener Würstchen

Zubereitung:
Die Nudeln nach Packungsanweisung kochen und abkühlen lassen.
Die Möhren und Erbsen und den Mais abtropfen lassen und in eine große Schüssel geben. Die Würstchen in Scheiben schneiden und dazugeben.
Das Miracel Whip und die Nudeln

Gemüseplatte mit Sauce Hollandaise

Zutaten:
500 gr. Blumenkohl
500 gr. Brokkolie
500 gr. Erbsen
500 gr. Möhren
2 Päckchen Sauce Hollandaise (Thommy oder Knorr)

Zubereitung:
Das Gemüse ca. 20 Minuten in reichlich Salzwasser garen.
Die Sauce Hollandaise erwärmen.
Das Gemüse auf einer Platte anrichten und die Sauce Hollandaise
darübergeben.
Dazu passen Salzkartoffeln.

Rohkost mit Joghurt – Quark Dip

Zutaten:
1 Salatgurke
1 Kohlrabi5 Möhren
1 Päckchen Quark
1 Becher Vollmilchjoghurt
1 Päckchen Iglo Tiefgefrorene Kräuter
Pfeffer, Salz

Zubereitung:
Das Gemüse schälen und in Stifte schneiden.
Den Quark mit dem Joghurt verrühren und die Kräuter, sowie Pfeffer und Salz unterrühren.
Gemüse auf einen Teller und den Dip in einem Schälchen anrichten.

Pizzabrötchen

Zutaten:
6 Brötchen
1 Becher Schmand
1 Packung geriebener Käse
2 Esslöffel Tomatenmark
200 Gramm gekochter Schinken
200 Gramm Salami
Pfeffer, Salz, Pizzagewürz
Schinken und Salami würfeln.

Zubereitung:
Schmand mit Käse, Tomatenmark und Gewürzen verrühren.
Die Brötchen halbieren und mit der Masse bestreichen.
Anschließend im Backofen bei 200 Grad ca. 20 Minuten über-
backen.

Zucchini – Hackfleisch Pfanne

Zutaten:
6 mittelgroße Zucchini
500 Gramm Hackfleisch
200 ml Sahne
1 Becher Schmand
Salz, Pfeffer, rotes Paprikapulver edelsüß, etwas Öl

Zubereitung:
Die Zucchini in Scheiben schneiden und in etwas Öl anbraten.
Das Hackfleisch zugeben und garen lassen.
Zum Schluss Sahne und Schmand zugeben und mit den Gewürzen
abschmecken.
Dazu passt Weißbrot.

Spaghetti mit Frischkäse – Gemüse Sauce

Zutaten:
500 gr Spaghetti
1 Schale Kräuterfrischkäse
1 rote, grüne und gelbe Paprika
1 Dose Mais
200 ml Sahne
Pfeffer, Salz, etwas Öl

Zubereitung:
Die Spaghetti in reichlich Salzwasser garen.
Die Paprika in kleine Würfel schneiden und in etwas Öl garen.
Den Kräuterfrischkäse sowie die Sahne zugeben.
Den Mais unterheben und mit Salz und Pfeffer würzen.
Die Sauce über die Spaghetti geben.

Hackfleisch – Käselauchsuppe

Zutaten:
500 gr. Hackfleisch
5 Stangen Lauch
2 Schalen Kräuterschmelzkäse
1 Becher Schmand
200 ml Sahne
Pfeffer, Salz, gekörnte Gemüsebrühe

Zubereitung:
Lauch in Stücke schneiden. Anschließend in ca. 1 Liter Gemüsebrühe garen.
In der Zwischenzeit das Hackfleisch anbraten. Mit Pfeffer und etwas Salz würzen. Schmelzkäse, Schmand und Sahne zu dem Lauch in die Gemüsebrühe geben.
Zum Schluss das Hackfleisch zugeben und nochmals mit Gewürzen abschmecken.Dazu schmeckt Baguette Brot.

Katoffelsuppe

Zutaten:
6 – 8 große Kartoffeln
eine dicke Möhreeine Stange Lauch

Zubereitung:
Alles kleinschneiden, im Topf mit Wasser bedecken und ca. 20 min. kochen. Mit den Pürierstab cremig pürieren und mit reichlich Kräutern und etwas Sahne (wer möchte) abschmecken.

Alternativ: Das gewürfelte Gemüse erst im Topf mit 1 EL Olivenöl anbraten, dann kochen und pürieren. So kann auf die Sahne verzichtet werden.

In dieser Suppe kann man auch eine Zucchini oder anderes Gemüse verstecken, weil sie ja püriert wird. Als Highlight gibt es manchmal Bauernbrot in Würfelchen geschnitten und mit Margarine in der Pfanne geröstet dazu.

Nudelsoße 1

Ein Päckchen „helle Sauce" von Maggi oder Knorr nach Anweisung zubereiten, 200g gekochten Schinken würfeln und dazugeben, mit flüssiger Sahne verfeinern.Dazu Tomatensalat.

Nudelsoße 2

Eine Packung weichen Käse (z.B. Blue Castello) zerkleinern und mit einem Becher Schlagsahne vorsichtig erwärmen, eine zerdrückte Zehe Knoblauch dazu, mit edelsüßem Paprikapuler abschmecken.Dazu grüner Salat.

Nudelsoße 3

Ein Päckchen passierte Tomaten erwärmen, eine Kugel Mozzarella würfeln und dazugeben, mit italienischen Kräutern abschmecken. Dazu Gurkensalat.

Quarkauflauf

3 Eier trennen, Eiweiß steif schlagen. 500 g Quark mit 3 Eigelb, 1 Pk Zitronenschalenaroma, 125 g Zucker verrühren. 2 Tl Backpulver mit 60 g Gries vermischen und ebenfalls unterrühren. Das Eiweiß unterheben.

Die Masse in eine Auflaufform füllen (braucht keinen Platz zum aufgehen), mit Semmelbröseln bestreuen und mit Butterflöckchen belegen. Im vorgeheizten Ofen bei 175 Grad mit Ober-Unterhitze ca. eine halbe Stunde goldbraun backen.

Mit der Lieblingsmarmelade oder auch Schwartau Himbeersauce servieren.

Tipps von Leserinnen:

Was meine Kinder lieben:
Hackfleischbällchen im Backofen fettarm gegart.
Damit lassen sich aufgetaute (bunte) Spieße (mit div. Gemüse) machen (kalt oder warm) oder Einlagen für Tomatensoße oder einfach „nur so" auf Nudeln.

„Fleischlollis"
Flachgeklopftes Fleisch (Hühnchen, Pute, Schwein) um einen Eisstiel wickeln, mit Salz, Pfeffer würzen und in Öl kurz anbraten – eignet sich ebenfalls zum Einfrieren.

Flädle (geschnittene Pfannkuchen)
für Suppe, Gulasch, Hühnergeschnetzeltes.

Knorr fix Würstchengulasch und Kartoffelbrei

www.fortbildung-online.de   *Alles rund um die Fort- und Weiterbildung*

Nützliche Adressen

Au-Pair-Box.com
www.au-pair-box.com
Kostenloser Service
Der rasche, unkomplizierte Weg zum Aupair

Arbeitsagentur
www.arbeitsagentur.de

Auswärtiges Amt
www.auswaertiges-amt.de
Listet alle deut. Konsulate im Ausland

Homestays.de
www.homestays.de
Familienaufenthalte gegen Mithilfe

Österreichische Vertretungen im Ausland
www.bmaa.gv.at

Schweizer Vertretungen im Ausland
www.eda.admin.ch/eda/de/home.html

**Au-pair-Bundesarbeitsgemeinschaft IN VIA c/o
IN VIA Katholischer Verband für Mädchen- und
Frauensozialarbeit – Deutschland e.V.**

Karlstr. 40
79104 Freiburg
Tel.: 0761 200 206
Fax: 0761 200 638
au-pair.invia@caritas.de
www.aupair-invia.de

Sie suchen Unterstützung bei der Kinderbetreuung und möchten eine
Au-pair-Bewerberin in Ihre Familie aufnehmen? IN VIA stellt Ihnen
Bewerberinnen zur Auswahl vor, berät Sie in allen administrativen Fra-
gen (Ausländerbehörden, Arbeitsamt, Botschaften) und begleitet Sie
und Ihre Au-pair während des Aufenthaltes. Nicht nur wenn es Prob-
leme gibt!
IN VIA vermittelt Au-pairs aus der ganzen Welt nach Deutschland, die
meisten Bewerbungen kommen derzeit aus Mittel- und Osteuropa.
Au-pairs sind eine Unterstützung, eine Bereicherung, aber auch eine
Herausforderung für jede Gastfamilie: Heimweh, Schwierigkeiten mit
der Fremdsprache und das Eingewöhnen in die neue Umgebung und
Kultur – dabei müssen Gastfamilien erst einmal behilflich sein.
Bieten Sie Familienanschluss, helfen Sie, Kontakte zu schaffen. Aupairs sind keine billigen Arbeitskräfte, sondern junge Menschen, die
sich in Ihrer Familie engagieren und gleichzeitig für ihr Leben lernen
möchten. Au-pair-Aufenthalte basieren auf einem Geben und Nehmen. Die in der Au-pair-BAG IN VIA zusammengeschlossenen Au-
pair-Agenturen betreuen bundesweit kompetent und zuverlässig aus-
ländische Au-pairs, Gastfamilien und deutsche Au-pairs während des
Aufenthaltes. Wir bieten Au-pair-Treffen, Ausflüge und Au-pair-Semi-
nare an. In London und Paris hat IN VIA eigene Anlaufstellen, das
Foyer Porta (Paris) und den German YMCA (London). Rechtsträger
der Au-pair-BAG ist IN VIA Deutschland (Fachverband im Deutschen
Caritasverband und Mitglied im Internationalen Verband ACISJF-IN
VIA). IN VIA unterstützt die Ziele der Gütegemeinschaft Au pair im
Hinblick auf die Qualitätssicherung in der Au-pair-Arbeit.